后示范时代的农村电商

——内生动力与发展路径

高功步 著

东南大学出版社
SOUTHEAST UNIVERSITY PRESS
·南京·

内容提要

2014年我国开始开展电子商务进农村综合示范县建设项目以来，我国农村电子商务取得了显著的成绩，大大推动了农村电子商务的深化发展。但在建设过程中，也存在一些需要解决的问题。本书从后示范时代的农村电子商务建设实践出发，从打造农村电子商务生态、强化内生动力培育的视角，提出创新性的政策建议，以期为我国农村电子商务的可持续发展提供可能的支持。

本书可以作为高等院校、地方政府及相关企业从事农村电子商务研究与实践工作的人士的参考书。

图书在版编目(CIP)数据

后示范时代的农村电商：内生动力与发展路径/高功步著.—南京：东南大学出版社，2020.12
 ISBN 978-7-5641-9290-7

Ⅰ.①后… Ⅱ.①高… Ⅲ.①农村—电子商务—研究—中国 Ⅳ.①F724.6

中国版本图书馆 CIP 数据核字(2020)第 246013 号

后示范时代的农村电商：内生动力与发展路径

著　　者：	高功步
出版发行：	东南大学出版社
出　版　人：	江建中
社　　址：	南京市四牌楼2号（邮编：210096）
网　　址：	http://www.seupress.com
经　　销：	全国各地新华书店
印　　刷：	广东虎彩云印刷有限公司
开　　本：	700 mm×1000 mm　1/16
印　　张：	12
字　　数：	220千字
版　　次：	2020年12月第1版
印　　次：	2020年12月第1次印刷
书　　号：	ISBN 978-7-5641-9290-7
定　　价：	39.00元

本社图书若有印装质量问题，请直接与营销部联系。电话(传真)：025-83791830

前　　言

农村电子商务作为一种新兴的商业模式，已经渗透到农村产业链的全过程中，改变了我国农村经济的发展方式和农民的生产生活方式，对解决"三农"问题以及开展扶贫工作具有重大意义。

为深化农村电子商务的发展，商务部自2014年开始开展电子商务进农村综合示范县建设项目。2014—2017年，中央财政累计投入125亿元，覆盖全国756个县。2018年，网络零售额6 192.4亿元，累计建设1 051个县级运营中心、8万个村级电商站点。2018年新增260个示范县，其中，238个贫困县被列为示范县，2019年新增215个示范县，2020年新增235个示范县，全国共计1 466个示范县。

示范县的建设，大大推动了我国农村电子商务的快速发展，根据农业农村部信息中心《2020全国县域数字农业农村电子商务发展》的数据，2019年全国2 083个县域网络零售额达30 961.6亿元，占全国网络零售额的29.12%，其中，农产品网络零售额为2 693.1亿元。

示范县的建设，取得了显著的成绩，但在建设过程中，也存在一些需要解决的问题。笔者通过近年来的调研，发现示范县建设过程中，一定程度上存在着以下六个方面的问题：①缺乏中长期规划，可持续效应不明显；②农产品上行薄弱，供应链体系不完善；③流通体系不健全，服务均等化不到位；④技术应用虚名化，缺乏有效技术支撑；⑤人才培养数量化，本土人才严重缺失；⑥运营商合同到期，服务体系人去楼空。这些问题不解决，直接影响着示范县建设的效率。因此，自2019年起，国家开启示范县的升级版打造，示范县建设进入后示范时代。

后示范时代的农村电子商务建设，需要在解决前一阶段示范县建设问题的基础上，升级建设思维和方法，走创新的发展道路，这是一个探索性的建设过程。笔者将从打造农村电子商务生态、强化内生动力培育的视角，提出创新性的政策建议，以期为我国农村电子商务的可持续发展提供可能的支持。

本书是笔者多年来参与电子商务示范县建设的一些实践以及理论层面的较深入分析的成果。成稿的过程，得到了众多从事电子商务示范县研究和实践的专家、企业家的帮助，复旦大学电子商务研究中心副主任邵明、长春光华学院数字经济学院院长王昆、长春光华学院数字经济学院任华、辽宁省电子商务产业联盟副秘书长兼农村电商专委会负责人马欢、石家庄龙岗电子科技有限公司总经理戴占学等都提出了建设性意见，研究生费倩、吴先雨参与了部分资料的整理工作，在此一并表示感谢！

本书部分内容为扬州市软科学研究项目(YZ2020221)的阶段性成果。本书由扬州大学出版基金资助出版。

本书成稿的过程，参考了众多文献，在此对这些文献的作者表示衷心的感谢。如有因疏忽而未能列出的，在此表示万分歉意！

由于作者水平有限，书中难免存在不足之处，欢迎广大读者、专家给予批评指正。

高功步

2020年10月

目 录

一、基础篇

1 电子商务进农村综合示范县建设的背景与现状 ………………………… 3
  1.1 电子商务进农村综合示范建设的背景 ………………………………… 3
  1.2 电子商务进农村综合示范建设的现状 ………………………………… 7
2 机遇与挑战 …………………………………………………………………… 13
  2.1 农村电子商务发展的机遇 ……………………………………………… 13
  2.2 农村电子商务发展的挑战 ……………………………………………… 15

二、提升篇

3 提质增效与内生动力框架 …………………………………………………… 21
  3.1 后示范时代提质增效 …………………………………………………… 21
  3.2 内生动力培育分析视角 ………………………………………………… 27
  3.3 绩效评价体系构建 ……………………………………………………… 34
4 定位与模式 …………………………………………………………………… 46
  4.1 后示范时代农村电商定位规划 ………………………………………… 46
  4.2 后示范时代农村电商模式研究 ………………………………………… 56

三、角色篇

5 贫困地区农户参与意愿调查分析 …………………………………………… 69
  5.1 理论基础和研究假设 …………………………………………………… 70
  5.2 研究设计与描述性统计 ………………………………………………… 71
  5.3 实证分析 ………………………………………………………………… 71
  5.4 结论及其政策含义 ……………………………………………………… 74

6 农业企业电子商务价值创造 ····· 75
6.1 引言 ····· 75
6.2 文献综述 ····· 76
6.3 理论基础和研究假设 ····· 77
6.4 研究方法 ····· 79
6.5 结果 ····· 81
6.6 讨论 ····· 85
6.7 结束语 ····· 86

7 政府与运营商角色重塑 ····· 88
7.1 农村电商发展中政府与运营商的核心职能 ····· 88
7.2 农村电商发展中政府与运营商的角色偏差 ····· 94
7.3 政府角色重塑 ····· 100
7.4 运营商角色重塑 ····· 104

四、支撑篇

8 产品凝练与产业提升 ····· 111
8.1 农产品凝练 ····· 112
8.2 产业提升 ····· 114
8.3 产业电商模式研究 ····· 119

9 智慧供应链体系建设 ····· 123
9.1 我国农村供应链的发展历程 ····· 123
9.2 示范县农村智慧供应链概述 ····· 128
9.3 示范县农村智慧供应链体系构建 ····· 132
9.4 示范县农村智慧供应链系统优化框架 ····· 136

10 智慧服务体系建设 ····· 139
10.1 农村电商服务站运行现状及问题的深入剖析 ····· 139
10.2 农村电商服务站发展的对策 ····· 145
10.3 农村电子商务服务体系建设的总体问题 ····· 147
10.4 服务驱动农村电商成功的典型案例分析 ····· 148

  10.5 利用大数据加强农村电商服务存在的障碍、重要着力点、基本思路和
保障措施 ·· 150
11 人才培养与创新创业 ·· 155
  11.1 传承与创新：梳理电子商务人才培养脉络 ·· 155
  11.2 问题与矛盾：剖析电子商务人才供需结构 ·· 158
  11.3 机遇与挑战：重塑电子商务人才岗位能力 ·· 168
  11.4 协作与共享：创新电子商务人才培养体系 ·· 171
参考文献 ··· 175

一、基础篇

1 电子商务进农村综合示范县建设的背景与现状

1.1 电子商务进农村综合示范建设的背景

农村电子商务作为一种新兴的商业模式,已经渗透到农村产业链的全过程,改变了我国农村的经济发展方式和农民的生产生活方式,成为解决"三农"问题的重要途径。现阶段,农村电子商务呈现政策支持、企业推动、民众积极参与的良好态势,但同时也存在一些问题,如基础设施落后、农村传统观念制约、人才缺乏等。因此,推动农村电子商务健康快速发展,需要进一步完善通信、交通、物流等基础设施,培养农村居民网购习惯,引进专业化人才,树立品牌意识,推动农产品差异化发展,畅通城乡双向流通渠道。

商务部自2014年开始开展电子商务进农村综合示范县建设项目,项目实施为期两年。2014—2017年,中央财政累计投入125亿元,覆盖全国756个县。2018年,网络零售额6 192.4亿元,累计建设1 051个县级运营中心、8万个村级电商站点。2018年新增260个示范县,其中,238个贫困县被列为示范县,2019年新增215个示范县,2020年新增235个示范县,全国共计1 466个示范县。

1) 政策背景

随着农村基础设施的不断完善,以及"互联网+"时代的到来,农村电子商务已成为推动农业转型升级、促进农村经济发展、释放农村消费潜力、提高农民收入的重要手段。因此,为全面贯彻落实党中央打赢打好脱贫攻坚战和实施乡村振兴战略的新部署、新要求,政府主推电子商务进农村综合示范工作,推进农村电商发展及电商扶贫。聚焦贫困地区,深入建设并完善农村电子商务公共服务体系,多方面推动农村电子商务发展,使之成为农业农村现代化的新动能、新引擎。2015

年11月,国务院办公厅更是发布《国务院办公厅关于促进农村电子商务加快发展的指导意见》,全面部署指导农村电子商务发展。

2017年中央一号文件提出了一系列推动农村电商发展的举措,主要包括:促进新型农业经营主体、加工流通企业与电商企业全面对接融合,推动线上线下互动发展。加快建立适应农产品电商发展的标准体系,支持农产品电商平台和乡村电商服务站点建设。推动商贸、供销、邮政、电商互联互通,加强从村到乡镇的物流体系建设,实施快递下乡工程。深入实施电子商务进农村综合示范。鼓励地方规范电商产业园建设和发展,聚焦品牌推广、物流集散、人才培养、技术支持、质量安全等功能服务。完善全国农产品流通骨干网络,加强农产品产地预冷等冷链物流基础设施建设,完善鲜活农产品直供直销体系。

2018年中央一号文件提出实施乡村振兴战略。该文件围绕农村电商,提出:大力建设具有广泛性的促进农村电子商务发展的基础设施。鼓励支持各类市场主体创新发展基于互联网的新型农业产业模式。深入实施电子商务进农村综合示范,加快推进农村流通现代化。实施数字乡村战略,做好整体规划设计,加快农村地区宽带网络和第四代移动通信网络覆盖。开发适应"三农"特点的信息技术、产品、应用和服务,推动远程医疗、远程教育等的应用普及,弥合城乡数字鸿沟。在村庄普遍建立网上服务站点,逐步形成完善的乡村便民服务体系。

2019年中央一号文件提出,继续开展电子商务进农村综合示范,实施"互联网+"农产品出村进城工程。文件有关农村电商尤其是农产品电商的部署,对于破解农村电商发展瓶颈问题具有重大意义。主要举措包括:完善县乡村物流基础设施网络,支持产地建设农产品贮藏保鲜、分级包装等设施,鼓励企业在县乡和具备条件的村建立物流配送网点。健全特色农产品质量标准体系,强化农产品地理标志和商标保护,创响一批"土字号""乡字号"特色产品品牌。统筹农产品产地、集散地、销地批发市场建设,加强农产品物流骨干网络和冷链物流体系建设。深入推进"互联网+农业",扩大农业物联网示范应用。推进重要农产品全产业链大数据建设,加强国家数字农业农村系统建设。继续开展电子商务进农村综合示范,实施"互联网+"农产品出村进城工程。全面推进信息进村入户,依托"互联网+"推动公共服务向农村延伸。

2020年中央一号文件,农村电商依然是该文件关注的重点内容之一,补短板的政策导向非常明确。主要举措包括:启动农产品仓储保鲜冷链物流设施建设。

加强农产品冷链物流的统筹规划、分级布局和标准制定。安排中央预算内投资，支持建设一批冷链物流基地。有效开发农村市场，扩大电商进农村覆盖面，支持供销合作社、邮政快递企业等延伸乡村物流服务网络，加强村级电商服务站点建设，推动农产品进城、工业品下乡双向流通。建设农业农村大数据中心，加快物联网、大数据、区块链、人工智能、第五代移动通信网络等现代信息技术在农业领域的应用。开展国家数字乡村试点。

为贯彻落实中央一号文件部署，推进电子商务进农村，建立农村现代市场体系，助力脱贫攻坚和乡村振兴，财政部、商务部、国务院扶贫办决定，2020年继续开展电子商务进农村综合示范。以习近平新时代中国特色社会主义思想为指导，全面贯彻党的十九大和十九届二中、三中、四中、五中全会精神，聚焦脱贫攻坚和乡村振兴，落实高质量发展要求，充分运用电商发展成果，以创新引领农村流通转型升级，以信息化驱动农业农村现代化，促进农产品进城和工业品下乡，满足人民群众美好生活需求。

根据农业农村部信息中心联合中国国际电子商务中心研究院发布的《2020全国县域数字农业农村电子商务发展报告》的数据，2019年，我国县域电商零售额为30 961.6亿元，占全国网络零售额的29.12%，其中农产品网络零售额为2 693.1亿元。2020年7月14日，阿里巴巴发布的《2020农产品电商报告》（以下简称《报告》）显示，2019年，阿里巴巴平台农产品交易额为2 000亿元。2020年疫情期间，截至4月25日，淘宝、天猫平台累计为全国农民售出超过250 000吨滞销农产品。

具体来看，在农产品电商销售额中，浙江、广东、江苏三省占据前三位；而山西、山东、河北三省增速最快，增幅超过40%。《报告》还显示，广东省位居农产品电商消费排名第一，与之临近的广西壮族自治区，农产品电商消费增速高达35%。

示范县项目的政策诉求主要有三个方面：一是通过电商进村，包括电商基础设施和能力建设，促进农村商贸流通体系的升级。始于10多年前的"万村千乡工程"，过去主要是线下实体商业网点的建设，它需要升级到线上，升级为线上线下相结合。二是以政府行为引导市场，弥补"市场失灵"。中国农村幅员广阔，不同的地区开展农村电商的条件差异巨大，政府要以财政投入、公益性投入，克服市场主体挑肥拣瘦的问题。三是造福"三农"，尤其是助力脱贫攻坚。随着示范工作的开展，政府明确将资源投放倾斜到贫困县上来。

政府主管部门为了实现这样的政策诉求,具体细化和强化了对示范县工作的指导和督察,并在实践中不断加以改进和优化管理办法。鼓励集中连片贫困地区采取地级市整体推进的方式开展综合示范工作。申请整体推进的地级市应与辖区内尚未支持的所有贫困县和革命老区县沟通一致,充分发挥统筹规划、资源整合优势,且中央财政资金必须全部用于尚未支持的贫困县和革命老区县;其他符合条件且所在地级市未采用整体推进方式的县,仍可采用以县为单位推进的工作方式。鼓励各地优先采取以奖代补、贷款贴息,结合先建后补、购买服务、直接补助等支持方式,合理加快资金进度,提高资金使用效益,通过中央财政资金引导带动社会资本,共同参与农村电子商务工作。财政资金重点支持农产品进城,兼顾工业品下乡,对承担疫情防控相关重要物资保供任务等企业在同等条件下予以适当倾斜。中央财政资金实行"鼓励发展+负面清单"管理模式,根据《财政部关于印发〈服务业发展资金管理办法〉的通知》(财建〔2019〕50号)等规定,中央财政资金不得用于网络交易平台、楼堂馆所建设、征地拆迁、购买流量、人员经费等经常性开支以及提取工作经费等。省级财政部门要会同商务、扶贫部门,按照《财政部关于推进地方盘活财政存量资金有关事项的通知》(财预〔2015〕15号)有关规定,做好本省示范县长期闲置的中央财政资金统筹安排工作。

2) 社会背景

农村电商既然是电商,那么它的开展就需要一定的条件。城乡之间开展电子商务的重大区别,首先就是场景不同。在农村场景下开展电子商务,一般遇到的困难条件,包括城乡二元结构下经济、社会、文化发展程度的差别,交通不便、地广人稀等,尤其基础设施比如"最后一公里"等条件的制约,会给农村电商带来较大的困难。农村电商需要的人才欠缺,农村人口,特别是留守人口素质的欠缺。其次是农村经济的粗放性,市场化、产业化程度低,小生产对接大市场的矛盾问题。最后是农产品电商要求商品化、网货化开发遇到的产业和服务体系问题。此外,农村获取技术、经营管理、组织和资本等要素较为困难,也影响农村电商的顺利开展。

电子商务由城及乡快速推进,让越来越多此前未曾涉足或很少了解电商的农民加入电商领域里来。各地农村差异很大,在不少地方,人们虽然认识到开展农村电商的必要性和重要性,但依然想干不会干,尤其缺乏立足本地特点,把国家主管部门的普遍要求和先行地区的成功经验融会贯通应用于本地的经验和能力,存在着照本宣科、不接地气的问题。

1.2 电子商务进农村综合示范建设的现状

2014年以来,截止到2020年,全国共计建设1 466个示范县(具体分布如表1-1所示)。

表1-1 电子商务示范县分布

单位:个

示范县	数量							合计
	2014	2015	2016	2017	2018	2019	2020	
四川	7	10	20	25	28	5	17	112
云南		8	15	33	25	15	13	109
陕西		15	15	19	22	3	11	85
贵州		8	20	20	22	3	8	81
西藏		4	5	5	13	47	整区推进	74
甘肃		8	20	12	20	6	7	73
河北	7	10	6	17	16	3	13	72
河南	7	8	6	13	6	18	13	71
湖南		8	7	18	16	5	14	68
广西		8	15	13	11	10	9	66
新疆		7	19	10	10	3	8	57
内蒙古		8	20	10	9	3	7	57
山西		8	7	10	18	4	9	56
江西	7	15	7	10	4	3	6	52
湖北	7	8	7	7	7	4	9	49
安徽	7	8	6	9	3	6	6	45
青海		4	7	7	11	12	3	44
黑龙江	7	8	6	5	5	3	6	40
福建		10		7	4	8	6	35

(续表)

示范县	数量							合计
	2014	2015	2016	2017	2018	2019	2020	
吉林		8	7	3		3	9	30
重庆		8	9			6	6	29
江苏	7					9	12	28
广东		4			4	9	10	27
山东				7	4	8	7	26
浙江						9	13	22
宁夏		4	10			3	4	21
辽宁		8				3	7	18
海南		3	2		2	4	2	13
新疆兵团		2	4					6
总计	56	200	240	260	260	215	235	1 466

从表1-1可以看出，电子商务示范县的分布广泛，覆盖了大部分省区市。2019年开启建设的电子商务示范县，是升级版打造的地区。电子商务示范县的建设，取得了显著的成效，主要呈现以下特征。

1) 农村电商规模稳步提升

随着农村电商的不断发展，越来越多的农民借助电商脱贫致富，农村市场逐渐焕发生机。尤其在近几年，农村网络零售交易额翻了一倍多。有关数据显示：2018年全国农村网络零售额达到1.37万亿元，同比增长30.4%；全国农产品网络零售额达到2 305亿元，同比增长33.8%。农村电商迅猛发展，农产品上行通道不断创新。同时，随着国家不断出台相关政策，阿里巴巴、京东、拼多多等电商平台与农村的互动越发良性化，农村电商在乡村振兴中越发重要。

2) 东部地区电商发展较快

从不同地区来看：东部地区电商发展较快，而东北地区相对缓慢。有关数据显示：2018年，东部地区网络零售额占全国网络零售额的77.3%，同比增长29.1%；中部地区网络零售额占全国网络零售额的13.6%；东北地区占比最小，仅为1.9%。

3) 浙江农村网络零售额全国第一

从不同省份来看:农村网络零售额排名前五的地区是浙江、江苏、福建、山东和广东,合计占比为 73.4%,零售额前十位省份合计占比 89.4%。从增速来看:零售额同比增速位列前五的地区增速均在 40% 以上,分别是青海、甘肃、宁夏、陕西和重庆。

4) 2019 年我国农村电商持续发力

（1）乡村振兴战略为农村电商发展带来新机遇。在乡村振兴战略的大力促进下,农村电商得以快速发展。同时,农村电子商务的发展促进了城乡资源要素的双向流动,初步形成农村电子商务的新业态,为乡村振兴注入了巨大的活力。

（2）农村电商模式将进一步演化。随着农村电商的市场规模逐步扩大,其发展模式不断由单一的网络零售向网络零售、网络批发并重转变,同时从传统电商向社交电商、社区电商并重转变。

（3）电商扶贫的实践路径日益多元化。各大电商平台正依托自身资源优势,探索各具特色的电商扶贫发展模式。

（4）农村电商将进一步推动农业产业结构升级,主要表现方式是重塑农产品供应链。

5) 电商扶贫成为热潮

2015 年,《中共中央 国务院关于打赢脱贫攻坚战的决定》里就提到了电商扶贫工程。2016 年,国务院扶贫办牵头 16 个中央部委印发了《关于促进电商精准扶贫的指导意见》。2018 年,中共中央、国务院发布的《中共中央 国务院关于打赢脱贫攻坚战三年行动方案的指导意见》又对电商扶贫提出了殷切期盼。

在中央的鼓励下,电商扶贫实践主要有以下三个方面:

第一,对于电商扶贫,最积极的当然是贫困地方的党政领导和地方政府。国务院扶贫办确定的第一个电商扶贫示范区在甘肃陇南,这几年各个地方都非常重视电商扶贫,纷纷开始自己的探索。

第二,电商扶贫离不开各大电商平台。中国的电子商务最主要的交易牢牢掌控在各大电商平台。我们也很高兴地看到,在国家的倡导下,阿里巴巴、京东、苏宁易购等 29 家地区电商平台都开通了电商扶贫频道,愿意拿出比较宝贵的平台资源和流量支持贫困地区农产品的销售,这是非常好的。

第三,还可以看到以新农人、工商业等为主的社会各界对电商扶贫自发探索。

我们现在看到的上行的几百亿元贫困地区农产品销售中,大量有情怀的新农人和青年电商发挥了非常重要的作用,他们愿意奉献自己的青春热情参与电商扶贫。当然,还包括一些工商企业以消费扶贫定制等方式来参与电商扶贫,这是可喜的。

系统回顾下这些年的探索,电商扶贫从前期的自发推动、个别推动到今天我们已经形成了共识,正在协同推动。

最早的电商扶贫实践如果要追溯的话,可以追溯到2008年汶川地震之后,当时已经有一批年轻人在电商上开始销售贫困地区的农产品。2011年,以汪向东老师为代表的专家们,开始呼吁电商扶贫应该进入扶贫的政策中。2014年电商扶贫被正式确认为十大精准扶贫工程之一,2015年电商扶贫模式开始推广,今天电商扶贫的内涵得到空前扩展。过去我们是帮贫困户卖东西,现在我们推出了广告扶贫、消费扶贫等,这些都是非常新颖的东西,而且特别切合电商和市场的逻辑,这给电商扶贫奠定了非常好的基础。

(1) 电商扶贫的主要路径

① 把贫困户中愿意自主运用电商脱贫的人培养成电商创业者。国家这些年在贫困户的电商培训方面可谓不遗余力,也推出了一批典型。在这中间,特别值得关注的一个群体,就是贫困地区电商创业的残疾人,他们中出现了很多自强自主、让人可歌可泣的典型。

② 共同助力贫困户销售产品。如果我们的贫困户没有能力怎么办?路径就是平台、电商企业包括服务商共同参与,帮助贫困区的农户销售农产品。当然,这种路径也比较艰辛,不是贫困区有产品就可以卖,贫困区的产品虽然很多,但是无批量、不标准。在上行过程中,发现贫困区的农产品没有品牌、包装很落后、加工不到位,消费者的体验并不好,这都需要做大量的工作。

③ 鼓励贫困户参与力所能及的电商工作。目前,电商行业有4 000多万从业者,可以充分吸纳贫困户做电商的从业者,比如当快递小哥等,通过让其做一些力所能及的电商工作,使其脱贫致富。同时,电商是一个很大的生态体系,在这中间其实还有很多的创业机会可以抓住。我们发现许多年轻人可以做客服、美工、数据分析师、文案的创作者,甚至贫困地区还出现了一批"网红"。比如今日头条、抖音上扶持的"巧妇9妹",粉丝接近1 000万人,能把当地的产品通过视频和直播卖出去,这是过去不可想象的。

④ 开展消费扶贫。消费扶贫,在今天可能相对容易实现,因为有快捷的网络、

众多的电商平台、发达的物流体系,物品能触手可达。通过扩大消费,可以有目的性地进行产品销售,达到扶贫目标。

⑤ 开展便民服务。中央一直讲发展数字经济,弥合城乡数字鸿沟,弥补城乡公共服务的短板。电商带来了便民服务,如果有站点在村上,百姓取快件很方便,还可以在这里买票、挂号,甚至是获得金融服务。这些基本服务需求量很大。

⑥ 通过电商带动社会性的帮扶。充分鼓励更多的企业和平台,开展公益性项目,实现社会性帮扶。比如阿里巴巴开展的顶梁柱计划,通过电商渠道的社会募捐,交给扶贫基金会和专业保险公司开发针对贫困地区主要劳动力因病致残致贫的帮扶,这是很好的切入点。

⑦ 开展互联网+农业。互联网+农业可以带来整个产业的变化,对贫困地区的未来发展更有意义。

(2) 贫困地区的电商扶贫探索

贫困地区的电商扶贫最主要的一线推动力量是在县级党委政府。这几年可以看到这些贫困地区的地方政府对电商扶贫非常重视,都在想方设法地推动。

甘肃成县是最早以政府推动电商扶贫的地方之一。他们的主要方式是在党政领导的带动下,所有的农民只要愿意都可以获得免费培训,开店就有补贴,销售达到一定程度就给奖励,物流的费用可以通过补贴降到很低的程度,让山货走出去。

新疆阿克苏的冰糖心苹果概念完全是网上推动起来的,在严格的苹果概念里是没有冰糖心苹果这个概念的。

安徽砀山的梨很出名,但是网货出去的却是黄桃罐头,通过"让你找回儿时的记忆",把黄桃罐头重新推向市场,带动的就业增收、创业效果明显。

山西隰县这个地方很贫困,但有一个独特的宝贝——玉露香梨,这是一个杂交品种,口味独特。他们针对这个品种进行品牌建设、电商推广销售,带动当地脱贫致富,从一个单品的品牌化切入,走出一条独特的扶贫路。

四川仁寿给我们的启发是,原产品销售的时候一定不要忘了线上、线下同步推动和生鲜产品、加工产品的同步推动。仁寿电商扶贫很有创新性,买枇杷就送枇杷露,结果枇杷露卖断货了,枇杷露可以随时喝,不受季节影响常年可以卖,最关键的是枇杷露是加工食品,可以给当地带来税收,光卖原产品政府没有收入。良好的电商扶贫,促进农民增收的同时,给贫困地方财政增加一些税收也是非常好的,结合起来更好。

(3) 电商扶贫面临的现实问题

① 干部和群众的思维还有待转变。贫困地区的干部和群众对电商扶贫这个新鲜事物的接受度有些低,特别是许多地方正在紧盯目前的"两不愁、三保障",对创新的扶贫载体关注度不够。

② 参与电商扶贫的各方力量有待协同。比如,一个突出的问题就是物流。我们的物流在贫困县目前处于资源高度分散、不经济的状态,各家电商都可以下沉,但各家的物流却下沉不下去,因为成本都很高。虽然国家一直倡导第四方物流,但大家资源合作的意愿和具体合作的程度目前还不理想。

③ 电商扶贫的视野有待开阔。目前,地方党政和社会都高度关注怎样通过电商零售渠道销售。许多大宗农产品可以通过批发渠道销售,既可以线上批发,也可以线上和新零售结合。

④ 农民生产习惯有待养成。比如贫困地区的农民,他们长期养成的习惯是大堆卖,而电商要求农民在地头就分级,农民很不习惯,导致他们在装货时品控不严格,会出现混装,而消费者收到货以后发现品质不一,体验感不好,造成不良影响。因此,农民需要电商的进一步锻炼。

⑤ 各类人才短缺。电商扶贫缺三类人:第一是党政领导里懂电商的人;第二是熟悉电商的一线指导人员;第三是一线操作从业人员。电商要把农产品从扶贫原产地搬到城市餐桌上一共要经过十几个环节,每个环节都需要人,但是现在贫困地区各类人才短缺。

⑥ 基础设施薄弱。贫困地区的基础设施还有很大的努力空间,需要在贫困地区进行资源有效整合。

2 机遇与挑战

2.1 农村电子商务发展的机遇

1) 互联网与"三农"的融合

近年来,互联网经济正深刻影响着中国经济社会的各个领域,电子商务开始由城市向农村发展,并进入全面发展时期。首先,"互联网+农村"孵化淘宝村。2014年,浙江、广东、福建、河北等地出现的淘宝村数量多达212个;2015年,全国淘宝村超1 000个,其中全国淘宝村数量最多的浙江省可能突破250个。其次,"互联网+农业"催生农产品网商。商务部数据显示,目前全国涉农网站超3 000个,在淘宝经营注册的163万家农村网店中,经营农产品的近40万家,农产品网络零售额达1 000多亿元。最后,"互联网+农民"带动农民网上消费。根据中国互联网络信息中心(CNNIC)发布的第46次《中国互联网络发展状况统计报告》,截至2020年6月,我国网民规模达9.40亿人,互联网普及率达67.0%,互联网产品已经出现在衣食住行的各个领域。其中,我国农村网民规模为2.85亿人,占网民整体的30.4%,较2018年底增长6 371万人;网络购物用户规模达7.49亿人,较2020年3月增长3 912万人,占网民整体的79.7%。

2) 农村电子商务环境的变化

政策上,2015年2月1日,中央发布一号文件,指出要大力"创新农产品流通方式",支持电商、物流、商贸、金融等企业参与涉农电子商务平台建设,并开展电子商务进农村综合示范,以空前的力度鼓励开拓农村市场。2015年11月9日,国务院办公厅发布《国务院办公厅关于促进农村电子商务加快发展的指导意见》,全面部署指导农村电子商务健康快速发展。此意见的出台,是在《商务部等19部门关于加快发展农村电子商务的意见》的基础上,进一步把农村电子商务的发展提升到国家战略层面。

企业方面,2015年,以大家电送货、安装和售后服务为核心的"京东帮服务店"数量超1 100家,服务覆盖近6万个行政村,包含234家贫困县服务店;2016年底,京东帮已经有1 731家,覆盖2.5个乡镇,45万个行政村。菜鸟网络数据显示,截至2017年,阿里巴巴物流网络已经基本建成。在阿里巴巴平台上,其智能仓配网络联通了全国1 000多个区县,可以提供当日达、次日达服务,天猫超市在生鲜领域推出了1小时送达的极速物流。在跨境领域,基于菜鸟的全球物流网络,中国商品运往世界各地的时间大幅缩短,很多地区从过去的60天已经降到目前的15天左右,俄罗斯、西班牙等部分地区已经实现了72小时送达。在农村网络方面,菜鸟搭建了覆盖全国近3万个村庄的送货进村服务,打通了农村最后一公里;蚂蚁金服每年为国家级贫困县发放贷款。企业通过技术和资金支持,成为发展农村电商的关键动力。通过阿里巴巴和京东等电子商务企业积极向农村市场销售种子、化肥、农用工具等商品,已使10%的农村用户培养了新的消费习惯。

物流方面,2014年,国家邮政局推出快递"向西、向下、向外"三项工程,圆通、中通、申通等快递企业纷纷在各乡镇布置网点,提升农村快递末端服务水平。截至2020年3月,邮政已经在全国范围内实现村村通邮,全国快递网点乡镇覆盖率已经达到96.6%,应该说在网络布局、产业优势和经验积累上,邮政快递业有能力做好农产品的出村进城的工作。

3) 城市对农村特色品的需求和农村居民多样化需求双向增加

近年来,电子商务企业的经营门类不断从服装鞋帽、图书、家电扩展到日用百货、生鲜、生活服务等领域。随着我国经济的发展,多样化的消费观念和对食品安全的追求成为消费新常态。城市居民对农产品、农特产品等的需求逐年增加,为农村电子商务的发展带来新的市场机会。另外,在农村地区,农村居民实体店消费可选择的商品种类较少,有时不能及时购到所需商品,电子商务网上交易模式恰恰可以弥补农村居民实体店购物的缺陷。

农村电商的发展可以追溯到2013年淘宝启动中国特色项目,这个项目作为农产品的上行通道,是为了解决农民难"卖"问题而设计的,当时农村电商的主要运行思路就是做农产品上行。尽管淘宝、天猫、京东的农产品卖得红红火火,但是对于尝试做农村电商的企业、政府来说,带来的不是幸福感而是一种疲惫感,同时也带来了太多的质疑及反问。2015年开始的农村电商下行间接说明了上行之路的艰辛和无奈。解决上行,同时实现下行,双向流量规模,实现渠道利润。

近几年,由于政府的推动,各省区市普遍建立了农村电子商务产业园和乡镇电商一条街,特色农产品逐步由线下销售发展为线上销售。政府的推动,整合了资源。政府牵头,商贸、农办、供销社、共青团、人社等相关部门合作制定区域农产品电子商务发展规划。要保证每个村都能有一些电脑,依托当地专业电商服务机构对村民进行网络营销培训。更重要的是,鼓励本地年轻人,特别是大学生投入农村电商事业中来。政府要对这些互联网时代催生的新村民,进行专业培训,因为他们有新的理念、新的方法,将会成为引领新农民、发展新农村、托起新农业的生力军。政府有为,需要在规则制定、基础设施建设、人才培养方面多下功夫,市场有成,需要百花齐放,更要鼓励市场主体创新,无论是开网店还是自建平台,统统可以交给市场主体来实践,让政府来把关。

农村电商说到底还是要因地制宜、因城施策,从实际出发,不迷恋模式。每个区域依据的经济发展模式、经济形态,所面临的机遇与困难都不同,每个区域一定要打造属于自己的农村电商3.0版本。农村电商3.0版本应该有三个特点:

第一,基于本地农业产业特征不断创新而形成实效化的发展路径,而不是一定要将不适合卖向全国的本地产品卖到全国各地;

第二,以盈利动机促动的市场化运作占主导地位,而非纯粹的"烧钱模式";

第三,通过具备良好生态的发展方式将健康农产品与农业旅游、农业体验、农业科普相结合。通过互联网+市县级配送中心+镇、村级网点+农村市场的线上到线下(O2O)消费体系,打造农村电商的网络高速公路。

2.2 农村电子商务发展的挑战

虽然农村电子商务得到了快速发展,但基础设施落后、农村传统观念的制约、人才缺乏、农产品同质化严重等问题仍然是农村电商发展道路上的阻碍。

1) 基础设施落后

根据中国互联网络信息中心(CNNIC)发布的第46次《中国互联网络发展状况统计报告》,截至2020年6月,我国网民规模达9.40亿人,互联网普及率达67.0%,互联网产品已经出现在衣食住行的各个领域。其中,我国农村网民规模为2.85亿人,占网民整体的30.4%,较2018年底增长6371万人;网络购物用户规模达7.49亿人,较2020年3月增长3912万人,占网民整体的79.7%。但是,农村地区的互联网普及率为52.3%,与城镇地区的76.4%相差24.1个百分点。同时,由于农村地区网速较慢,上网成本过高等,农村居民使用互联网的积极性受限。在交通运输设施方面,长期以来,虽然政府积极推进"村村通"工程,但由于农村公路建设标准不完善,很多乡村道路不能经久耐用。同时,农村中心集镇货物运输站建设缓慢,基础设施短缺且设备简陋,冷链物流运输发展不充分,运输效率低下。最后,由于我国农村地域分散,物流体系建设不健全,尤其是生鲜农产品冷链物流发展滞后,网络交易受到影响。

2) 农村传统观念的制约

农村消费者大多保持着传统的购物习惯,接受和利用网络信息的能力不强,作业方式、生活习惯、价值观念跟不上时代发展,对计算机网络的应用能力有限,乡间小卖部、超市、传统集市仍是其购物主要渠道。研究表明,我国农村居民整体文化水平偏低,从而造成他们信息意识薄弱,不易接受网上买卖这种新的方式。因此,如何改变农民的购物观念,并推动他们尝试在网上销售农产品,是目前农村电子商务亟须解决的难题。

3) 信息化人才缺乏

电子商务是互联网产业与传统产业的融合,需要一大批熟悉互联网知识与技术的现代化人才。现阶段农村电子商务最紧缺的是运营推广、美工设计和数据分析三类人才。未来两年,农村电子商务人才的需求量可能超过200万人,随着市场不断扩大,客服、物流仓储人才需求也将上升。

4) 农产品品牌化程度不高且同质化严重

《2014—2015年中国农产品电子商务发展报告》显示,截至2014年底,我国各类涉农电商3.1万家,其中涉农交易类电商企业近4 000家。但有7%的企业出现巨亏,88%的企业略亏,仅1%的企业盈利,这一现象与农产品同质化严重不无关系。2020年4月30日,农业农村部信息中心联合中国国际电子商务中心研究院在京发布《2020全国县域数字农业农村电子商务发展报告》。报告指出:2019年全国2 083个县域网络零售额达30 961.6亿元,同比增长23.5%,其中832个贫困县网络零售额达1 076.1亿元,同比增长31.2%;县域农产品网络零售额达2 693.1亿元,同比增长28.5%,其中832个贫困县农产品网络零售额为190.8亿元,同比增长23.9%。需求侧的数据、信息日益成为供给侧结构性改革的新动能,农业的产业链、供应链、创新链、价值链正在加速重构,电子商务成为"绿水青山就是金山银山"的重要"转换器"。农产品品牌建设也取得了一定的成绩,产生了一批以"地域名称+产品名称"的品牌,如吐鲁番葡萄、赣南脐橙等,但企业主导的市场品牌短缺。农产品电商既要发展线下的大品牌,也要培育线上品牌。

《电子商务"十三五"发展规划》指出:城乡二元结构调整为电商在农村发展提供了广阔市场,电商将持续在平衡城乡消费差距、提升农村流通现代化水平、促进农产品商品化、助推农民增收等方面发挥积极作用。国家战略和政策不断推动农村电商取得新进展,然而,在电商物流配送、农产品线上品牌推广、农村配套金融服务设施等多个领域,农村电商仍然面临着不容忽视的短板。

二、提升篇

3 提质增效与内生动力框架

3.1 后示范时代提质增效

自 2014 年起,我国连续 6 年开展电子商务进农村综合示范,推动全国农村电子商务发展。截至 2020 年 6 月,电子商务进农村综合示范累计支持了 1 231 个示范县,实现了对全国 832 个国家级贫困县的全覆盖,建设了 1 000 多个县级电商公共服务中心和县级物流配送中心,乡村服务站点 8 万多个。农村网络零售额由 2014 年的 1 800 亿元增长到 2019 年的 1.7 万亿元,规模总体扩大 8.4 倍,我国农村电商发展成效显著。但也有个别地区急功近利地提出村级站点全覆盖的要求,没有整合已有站点,重复建设严重,导致一些村级站点没有市场基础,生命力薄弱,逐步成为空壳摆设;还有的县域存在着不同部门支持建设电商园区或公共服务中心,各自发展且公共服务不到位,沦为面子工程。

这就迫切需要地方政府在农村电商发展过程中,转变发展思路,从"数量"覆盖转向"质量"提升,加强顶层设计,找准痛点。不仅要实现电子商务进农村的全覆盖,还要对产业基础较好的示范县进一步挖掘农村电商发展潜力,打造综合示范"升级版",促进脱贫攻坚和乡村振兴的有效衔接。着力加强农村电商品牌建设,开拓乡村服务站点盈利新模式,统一集采和配送,释放乡村消费潜力;加快推进电商产业集聚,实现抱团发展,形成规模效应,推进农村电商提质增效"加速跑"。

1)农产品上行为主,工业品下行为辅

目前,部分电商公司把发展农村电商与抢占农村市场等同起来,目光只盯着赚农民的钱。把工业品、农资产品卖给农民时很积极,但把农产品卖到城里的时候却不甚给力。2014—2016 年,我国农村电子商务的发展格局还是以"工业品下行"为主。2015年农村电商规模为7 835亿元,其中网购交易额达到3 530亿元,同比增长96%,增速高于国内整个网购市场,农产品网络零售额达1 505亿元,同比增长94%,农资电商规模以60%的增速达到2 800亿元。表面看起来数据不错,但是农产品上行和工业品下行的逆差为2 025亿元,如果把农资也算在下行的话,则有4 825亿元的逆差。这种让农村经济"失血"的农村电子商务模式,不符合国家发展农村电子商务的初衷。

因此,推动大规模农产品上行,才是农村地区摆脱贫困,助力中国在小农社会背景下实现国家现代化的决定性举措。2017年,第四批国家电子商务进农村综合示范县建设就明确要求中央财政资金支持农产品上行比例原则上不低于50%。主要聚集农产品上行建设的三个方面:①支持农产品的标准化、生产认证、品牌培育、质量追溯等综合服务体系建设;②农产品分级、包装、预冷、初加工配送等基础设施建设;③县、乡、村三级具有服务农产品上行功能的物流配送体系建设。

但是,发展农村电商不仅要"农产品上行",也要"工业品下行"。在大力发展农村经济的过程中,各地农村除了种植及养殖外,农产品加工企业遍地开花,农产品日益丰富,农民迫切想把农产品快速高价卖出,以获取更好的收益。同时,也需购买种子、化肥、机具等物资,用以发展生产。还有获取缴费、取款、医疗、教育等各类服务以提高生活质量的期盼。实际上,农民只有懂得买才会懂得卖,"下行"先做到位,"上行"才能做得好,农民群众无论是买还是卖都是需求,而发展农村电商的目的也就是利用现代化的科技手段满足农民的需求。既让工业品走进农村,又将农产品卖到城里,使"上行"与"下行"形成良性互动,相辅相成,才是农村电商发展的理想状态。

所以,长远来看,农村电子商务的发展一定是以"农产品上行"为主,"工业品下行"为辅的格局,缩小上行与下行的"逆差"就是发展农村电子商务的核心任务。

2) **完善农村电商基础建设**

基础设施和公共服务水平严重影响农村电商发展。只有不断完善农村公路、通信等基础设施建设,农民和企业间的商务往来途径才会更加便捷。搭建形式多样的信息服务平台,整合农业、农产品、物流信息资源,提高农产品产销匹配度,实现农村各类物流信息整合。

优化通信基础设施建设。扩大农村第四代移动通信网络的覆盖面,加快农村宽带网络建设与普及力度,拓宽宽带网络覆盖面。在县城周边、中心乡镇等区域建设光纤网络,提升宽带应用水平。加速推进农村信息通信提速降费工作,降低宽带接入和使用成本。

加快农村物流体系建设。一是通过物流补贴、减免税费等优惠措施整合现有资源,统筹规划建设县、乡、村三级物流节点农村物流网络体系;合理布局和建设现代化的农产品物流配送中心和仓储中心,建立完善的物流体系,提高农产品快递配送效率。二是畅通"工业品下行"和"农产品上行"农村物流双向渠道,降低运输成本。三是提高农村电子商务信息化水平,加快物流配送终端及智慧物流平台建设,让农村电商物流渠道更通畅、信息传输更安全。开展集中收购和配送,实现农产品电商与物流快递服务协同发展、高效联动。

3) 完善农村电商服务体系

发展农村电商的主要目的是促进农业农村信息化和农村产业融合发展、产业兴旺,以此带动农民增收,实现农业农村高质量发展。因此,完善农村电商服务体系,要坚持以民为本,努力促进农民增收;加大农村电商创业扶持力度,帮助农民就业;加强产品质量监管,保障农民利益。同时,需要考虑各地电商发展的经济水平、自然条件、交通条件等,采用不同的发展模式。对于电商发展基础较好的地区,要坚持市场导向,积极培育壮大主体;对于农产品上行难的地区,要发挥政府或协会作用,加强品牌建设和宣传;对于亟须电商扶贫的地区,要依靠政府引导和帮扶,促进地方特色农产品上行。

建立完善农村电商服务体系,需要统筹兼顾农产品上行和工业品下行,加强农产品安全管理、标准化和品牌化建设;针对假冒伪劣消费品、农村消费者维权难等问题,加强下行监管,完善农村电商下行体系;同时,积极完善物流等上下行共用的支撑体系,促进农产品上行和工业品下行共同发展。根据产品特征建立多元化上行渠道。对于大宗的粮油、蔬菜和水果,利用网上农产品批发平台;对于特色农产品,利用阿里巴巴、京东或微商平台;对于服务类产品,将其与休闲旅游业结合,利用O2O模式双线发展。

最后,建立完善的农村电商服务体系,需要地方政府、电商平台、电商企业、农民和其他配套产业企业等多方参与,不断创新合作模式。政府部门加大政策引导、顶层设计和监管,协调企业开展人才培训,做好农产品品牌建设,搭建专业平台;电商平台要积极发挥其在体系建设、质量监管等方面的重要作用。

4) 推进农产品品牌化、标准化建设

我国在农产品尤其是鲜活农产品的品牌化和标准化体系建设上一直相对滞后,这已是制约农产品上行的一个重要因素。为此,要发展农村电商就要打造具有本地特色的农产品品牌,通过金字招牌开拓市场,吸引消费者。一方面,鼓励整合本土品牌、营销等资源,探索农村电商新模式、新业态;另一方面,加强农产品安全管理、标准化和品牌化建设。加快地方农产品、土特产品等标准体系和溯源体系建设,有效提高产品的质量和附加值。

一要加强农产品安全管理。加强农副产品产前、产中和产后质量检验,引入物联网、大数据等技术,建设产品追溯体系;加大对网络销售劣质农副产品的监管和惩罚力度。

二要加强农产品标准化建设。构建以国家和行业标准为主,地方标准和种植规范为辅的农产品标准体系。按照大小、颜色、品种、成熟度等特征划分农产品类型,保障品质标准化;对产品包装实行标准化设计,促进产品推广;加强农副产品标准化规则制定及管理。

三要树立品牌意识,加强品牌建设。政府通过申请地理标志产品、区域公共品牌等,提高地方产品知名度;帮助农户和企业注册农产品商标,加快培养地方性农产品龙头企业;鼓励支持特色农产品"三品一标"认证,加强特色农产品品牌化建设;建立产品追溯体系,加强流通环节质量监管。

5) 促进农村电商业态多元化

农村电商繁荣发展,既需要纵向拓展产业链,完善产业配套体系,补齐县域电商服务短板,促进城乡融合发展,也需要与休闲农业、乡村旅游等业态横向融合,把后端的生产方式、冷链物流、售后服务等各个环节衔接顺畅,形成产业兴旺、农民增收的局面。

一要促进电商上下游业态发展。根据需要建设电商园区,集中打造集合电子商务运营、培训、美工、金融服务、仓储配送等功能的电商产业园。积极培育开发设计、策划、交易、营销、运营、物流等上下游配套服务环节,通过农村电商的上下游产业整合,打破单个产业环节的壁垒,实现产业链条的内部化、产业效益的均衡分配和农业生产全产业链条、各环节的融合衔接。优化农业农村投资环境,重点培育一批扎根县域电商市场的创新型企业,加大对企业的培育支持力度,鼓励企业做大做强,促进电商上下游集聚发展,壮大电商产业链,提高产品附加值。开展农资网上销售，完善农资电商服务体系和农资电商监管体系。将农产品终端使用方嫁接到农业种植产业链中，为农民提供一套从种到收到销的闭环服务，提高农民种植的积极性和收益。

二要促进电商与其他相关产业的深度融合发展。"电商实际上是把乡村信息和物流联系在了一起。除此之外，比如说休闲旅游、特色农产品、观光农业，都是值得关注的新业态。这些都不会是单一的，可以相互结合起来。"河南省农业科学院小麦研究所所长许为钢受访时谈道，"比如说油菜产区，它不仅将油菜作为农产品生产，而且还是观光景区"。伴随农村第一、二、三产业融合，休闲农业、文化旅游、农家乐快速发展，农村电商从单一的农产品销售向多品类、多服务、多渠道拓展，以此促进农村电商与智慧乡村旅游、特色农产品加工等的融合发展，不仅可以促进现代农业发展，还可以为农民创业就业开拓更大的空间，让农民有更多增收渠道。

6）培育农村电商人才

农村电商人才队伍，是农村电商发展最短缺的要素。为此，要从人才培训、创业扶持等方面加强人才队伍建设；同时要加强农民信息技能培训，改善人文环境，为农村电商振兴提供人才保障。

一要加强电商人才培训。将电子商务人才培育经费纳入地方财政预算，统筹农村各项培训资源，确保电子商务人才培育工作的正常运转和必要开支。整合政府、社会、企业等各方培训资源，开展电商技能培训。有条件的地区可以以地方企业为基础，争取与知名网商合作建设电子商务培训中心；聘请专业人才培训授课，紧密联系本地农产品开发实际，形成独具特色的实战型电子商务人才培训基地，努力培养一批既懂电商，又懂农村，同时又了解市场的复合型人才。

二要加强电商创业扶持。健全完善农村电商人才创业系列扶持政策，对电商平台、电商进农村网络、品牌宣传推广、人才培育及农产品标准化体系建设等给予奖励、补贴、贴息贷款等政策和资金扶持；制定农村电商创业政策，包括扶持对象、扶持标准等；加强对农村电商企业和电商品牌培育奖励，为农村电商企业提供优惠贷款、培训、社保补贴、场地或入园补贴等优惠政策；吸引具有实践经验的电商从业者，返乡创业就业，并定期开展农村电商优秀人才评选活动，表彰突出的农村电商人才，优先将其纳入村级后备干部队伍进行重点培养。

三要加强农民信息技能培训。提高农民的信息化技能是农村电商发展、农业农村信息化的重要举措。为此,要在推进农村信息化建设、宽带进村入户的基础上,积极开展农民手机应用技能培训、电商创业培训和业务培训等。在开展扶贫培训、农村技术培训时把电子商务纳入重要内容,利用电视、网络等媒体开展电子商务技能专题讲座。同时,开展电子商务培训,详细地向农民讲解发展电商的好处、各大电商平台优势、如何进行网购、网上开店流程、网店装修流程等实操技能,通过多种形式提高农村电子商务实操水平,提升农民参与度和获得感。

7)持续推进农村电商精准扶贫

《电子商务"十三五"发展规划》在第三部分"主要任务"中明确提出,"创新开展电商扶贫和便民服务,使全体人民在电子商务快速发展中有更多的获得感",要求"积极开展电子商务精准扶贫"。未来,应进一步促进农村电商发展和脱贫攻坚的有机结合,抓实抓好电商提升民生工程扶贫实效,让电商扶贫惠及更多贫困家庭。

各地应在深入细致了解贫困户基础信息的基础上,对所有贫困户进行摸底排查,对有产品资源和有意愿从事电商职位的农民进行重新定位、登记,整合电商扶贫大数据,层层深入,精准链接到户,重点扶持农业合作社与建档立卡贫困户之间的对接。以电子商务进农村综合示范工作为抓手,构建以农村电商服务站点、电子商务培训、农产品电商发展为一个整体的大数据网络,引导贫困户主动自愿加入其中,成为电商扶贫的直接受益者。同时,不断推动互联网创新成果和扶贫工作的深度融合,拓宽农产品销售渠道以及增加服务内容,推动贫困地区农村电商发展,助力精准扶贫。对所有贫困户信息进行科学分类,按照服务对象的意愿和致贫原因进行精准施策,一户一个标准、一人一个目标,实现电商扶贫信息与贫困户发展的双向互动,及时正确地掌握电商扶贫动态,为贫困户量身定制电商扶贫最直接的渠道,实现贫困户早日脱贫,稳定脱贫成效。

优化扶贫网点布局,不断提升网点服务功能。督促乡镇落实主体责任,强化镇、村干部包保网点工作机制,落实网点绩效长效管理机制,制定网点运营管理方案,对网点实行分级管理,不断动态调整优化网点。优先将网点交给具有上行能力的、有扶贫带动意愿和能力的贫困群众经营。同时,不断开展网点负责人实操电商培训,不断提升网点负责人的综合服务能力和水平;开设上行专栏,通过村级电商网点累计上传当地农产品销售信息;强化部门协作,推动网点与农民服务站等开展融合共建。

加大政策扶持力度,激励引导。地方应围绕农村电商和电商扶贫,出台相应政策和村级主体考核分档奖励制度。一方面出台电商扶贫扶持政策,并将相关电商政策纳入县域高质量发展政策,作为常态化政策;另一方面要从支持县域电子商务公共服务体系建设、电商经营主体发展、电商扶贫三个方面出发,围绕平台建设、物流配送、人才培训、企业发展、品牌培育、农产品上行、电商扶贫等方面制定一系列有针对性的农村电商发展政策,促进现代农业高质量发展。另外,对电商主体参与脱贫攻坚、贫困户电商创业、贫困户参加培训等均给予奖补,以此提高相关主体的积极性。

3.2 内生动力培育分析视角

当前农村电商的发展仍然存在着农民、企业思想上不重视,积极性不高,动力不足等现象,未来,农村电商要想提质增效,必须激发农村发展电子商务的内生动力,从根本上解决问题。为了探寻农村电商内生动力,笔者总结现有模式的成功经验,发现成功的农村电商往往有以下六大特征:一是领导班子的强力支撑。农村电商十分复杂,涉及十几个部门和多个行业,还需要牵动电商运营的前中后段,如果没有一把手的强力支持和身先士卒,好多工作是干不动的。二是以人才为首。农村电商的竞争说白了,就是对人才的争夺。有了人才,电商才能发展起来。没有懂电商的领导,没有会干电商的干部,特别是缺乏一大批愿意从事电商的人才,这是农村电商的心头之痛,也是需要解决的首要任务。三是定位明确。农村电商具有综合性,它可以表现为县域电商、农产品电商、电商扶贫、旅游电商,甚至是跨境电商,所以农村电商必须要有符合自己优势的明确定位。四是实施有力。电商是一门实践科学,推动农村电商不仅要看口号有多么吸引人,制定的措施有多么得力,关键要看落地怎么样,如果不落地一切都是纸上谈兵毫无意义。五是软硬兼施。一方面,要考验一个农村电商的基础设施建设,比如交通、物流、生活配套等;另一方面,软的发展环境也很重要,很多地区虽然艰苦,但是领导和干部亲力亲为,让创业者在这里如沐春风,干劲十足。六是步步为营。电商发展总有一个过程,从点燃第一个星星之火,到星火燎原,这中间有大量的工作要做,需要以时间来换取发展的空间。在农村电商的发展问题上,不可超越发展阶段,不可急于求成,否则,往往欲速则不达。

根据以上总结,笔者从定位、模式、产品、服务、人才这五点内生动力出发,进一步分析如何强化培育,推动农村电商提质增效、持续发展。

1) **定位为针,明确地方特色优势**

发展农村电商是推进农业供给侧结构性改革的重要任务,必须突出优势、明确定位,确立差异化竞争战略,培育出特色鲜明的电商核心竞争力。

当前,农村电商的发展存在一个很明显的问题,即与地方优势产业的结合不深入。要想通过电子商务带动县域经济发展,不管企业抑或是个人都要有好的产品,而好产品来源于地域优势产业。一些县域在推动地区农村电子商务发展过程中,实际经营的产品多是外地产品,本地产品电商化不足,企业缺乏引导,产品定位不准,不能因地制宜结合本地优势产业或企业的产品来开展电商。同时,市县地区传统的农资、各类加工制造生产企业,区位的优势也不明显,受制于人才和资金,企业缺乏构建自身电商平台的动力。

县域电子商务可持续发展壮大要依靠当地优势产业,而优势产业发展电商需要示范企业引领。地方政府应按照全国主体功能区规划和农业优势产业布局,结合《国务院办公厅关于促进农村电子商务加快发展的指导意见》,尽快出台适合当地的具体实施办法,明确当地发展农村电商的定位、目标、内容及布局导向,稳步推进电商发展;鼓励和支持地方优势企业探索电子商务,鼓励涉农企业找准自身特色产品和品牌优势,学习成功经验,立足自身创新,不断探索农村电商新模式,同时政府根据其发展成效给予政策扶持。

有了精准的定位就可以对农产品电商平台的建设进行统一的规划,明确农产品电商系统的发展方向,包括平台的相关服务以及订单的形成模式等;同时,可以依据定位进行农产品后期的营销推广,更加有利于产品宣传和品牌建设。明确地方发展农村电商的定位后,要重点抓好线上线下融合,加快实体网点的信息化改造,将日用消费品、农资等线下资源嫁接到线上平台,实现线上线下互动发展;抓好农产品电商,围绕生鲜农产品、特色农产品、大宗农产品等门类,发展区域电商和专业电商相结合的多层次、多形式的农产品电子商务。基于农村的特殊经济环境,只有发挥地域优势,充分整合当地资源,因地制宜嫁接互联网,才能发展好县域电商,进而带动整个县域经济的良性发展。因此,以特色产品为突破口,持续开发挖掘农村地标产品,把当地的文化、特色、故事融入品牌之中,不仅可以带旺当地农产品销售,更促进了当地农业、旅游业、商贸业的有效融合,成为农村经济发展、脱贫攻坚的新动力。

总之,要想发展好农村电商,切不可盲目随大流,违背市场趋势和规律。要找准当地农特产品的定位,是销售干货还是生鲜,是主销到南方还是北方,是主销一线城市还是二三线城市。同时,还要清楚自身优势和不足,做出合理的取舍,只有这样,才能在竞争激烈的市场中走出自己独特的成功之路。

2) 模式为纲,强化特色顶层设计

农村电商路径的探索,关键在于模式创新。在2016年10月由中国国际电子商务中心、浙江省商务厅、浙江省丽水市政府联合举办的首届中国农村电子商务主题会议上,百诚源CEO杜非就指出,农产品上行难、农产品同质化、消费者体验不足、农村电商人才培训欠缺等,均是目前农村电商领域存在的普遍问题,其根本仍是农村电商模式问题。而农村电商发展模式的凝练,需要四方诚心合作。一是政府,政府要重视,这是基础;二是地方大型农产品企业和其他实体企业要参与和带头示范;三是让外地的电商服务企业进来,学习他们的市场运作经验;四是要聘请专业的人才和顾问团队。

发展农村电商是一项系统工程,必须发挥政府有形之手的能动作用,从强化顶层设计入手,尽快出台和完善符合当地实际的农村电子商务发展规划和扶持政策,营造电子商务发展的外部环境和政策依据,推动县域电子商务实现又好又快发展。政府要充分发挥各级职能部门作用,完备顶层设计和规划,让行动有纲,加速部门之间的协调运转。要做到因地制宜、因品(农产品)制策,充分整合资源,相关部门、镇(街道)、村整体联动,在市场主体培育、供销渠道开拓等方面服务到位。县级领导抓电商经营主体;各相关部门围绕电商发展抓实事,解决现实难题;各镇(街道)、企业着重发现能网上销售的地域产品;人力资源部门找出有电商创业意愿或有从事电商工作经验的人。职能部门要抓住乡村振兴战略和金融资本市场改革的契机,为农村农户寻找资金来源,保持底线,避免寻租行为。除此之外,政府要与平台、网商、供应商、服务商共同建立农村电子商务公共服务体系,做好电商基础服务;同时,可以邀请国内电商专家成立研究小组,及时引导和修正当地电子商务的发展方向。

农村电商发展模式的凝练必须强化特色,突出因地制宜的创新。农村电商在发展初期以网络销售为主,到现阶段涌现出网络零售、网络批发、跨境电商、乡村旅游等多种模式,甚至原来散、小、乱分散经营怎么对接大市场,都可以很好地实现。要想在这众多模式中突出重围,就要结合地方实际发展情况和农户需求,发展模式不一定要多宏大,但一定要打造差异化的、有地域特色的发展模式,以此激发当地农村电商的内生动力,推动农村电子商务的有序发展。

3)产品为基,打造新供应链体系

开展农村电商首先要保证农产品的质量,对广大农民来说,把产品的价值实现得更高,才能使口袋更鼓,过上更好的生活。因此,想要通过电商的发展,促进农民转变生产方式,进而实现增加农民收入的目标,实现精准脱贫,必须首先跨过农产品商品化这道坎。这里讲的商品化不光是经济学意义上的商品化,而是市场意义上的商品化。对于经济学意义上的商品化,当农民手中的产品被售出时,商品化就实现了。但是,从市场的角度讲,大多数农产品仍旧以原始形态进入市场,并没有真正进入产品供应链管理中。农产品电商所讲的商品化必须从农产品生产开始,也就是说必须从农户开始,农产品从一开始就必须以商品化的思维为指导,即满足未来消费者的需求或市场定位。

农产品的商品化大致可以分为品质标准化和品牌化两个方面。首先,产品品质标准化体系建设需要为每个单品形成专业的标准化体系,包括采收后的再加工再增值过程,比如清洗、分级、包装、加工和贮运等产后商品化处理。其次,是产品的品牌化建设和营销,消费者在购买农产品时,首位考虑的因素是安全、品质和信誉,而品牌是消费者识别和判断这些因素的唯一指标,所以品牌营销是农产品商品化经营的重点。同时,由于农产品的自然生长属性,农产品市场竞争力与其产地密切相关,除了企业品牌和产品品牌外,农产品区域品牌和地理标志身份是农业企业增强农产品国内、国际市场竞争力的有效途径之一。

农产品的规模化生产和追溯体系的建立,也是开展农产品电商的重要保证。农产品规模化生产和专业化经营,才能更加准确地掌握市场信息,才能让产品更加具有市场竞争力。要按照"因地制宜、突出优势"的产业发展思路,着力优化农业生产布局。积极引导农产品生产经营主体转变生产经营方式,加强横向联合合作,实现由小规模作坊式的经营模式向规模化企业经营模式发展;树立发展现代农业的新观念,重点发展名、优、特等农作物新品种,进一步加快优势农产品的规模化生产步伐。而溯源体系对产品安全和民众健康都是强有力的保证,建立完善的农产品溯源体系,可以提供产品的相关信息,使消费者和监管部门都可以快速方便地查询,在商品出现问题时可以通过溯源体系进行跟踪;通过溯源系统,可以对农产品从种植开始记录信息,直到生产加工、物流运输、仓储地址、销售完成。对于产业链上的完整信息记录更有利于实现消费者对产品的了解和信任。

在产品体系扎实的基础之上,打造全新的供应链体系。农村电商现整体处于高速发展阶段,在助推当地经济增长、带动当地就业等方面发挥着积极作用,但是农村电商在发展中还有一些"短板",其中供应链体系不完善是制约农村电商发展的核心因素。再加上受新零售影响,农村电商原有的线上模式正在面临调整,供应链体系正在被改造,为了打破制约农村电商发展的瓶颈,各大主流电商平台频频发力,农村电商供应链之争愈演愈烈。2018年2月,京东新通路项目公布,将原来面向京东便利店的线上店铺系统在全部京东掌柜宝用户中推广,不仅把众多线下店搬到线上,给其供货,现在进一步支持他们网上同步开通小店。同年4月,阿里巴巴集团向汇通达公司投资45亿元人民币,为农村市场提供包括品牌专供、下单平台、新零售系统、阿里云平台、物流系统解决方案等一系列服务。同年8月,苏宁易购零售云正式启动,定位于县镇市场,主打3C、家电,并整合经营智能配件和母婴等品类,背后依托的是苏宁多年积累的强大供应链。在此背景下,地方发展农村电商,一方面可以自建供应链体系,实现线上线下多渠道、多平台一体化的订单渠道管理,解决农村电商物流"最后一公里"的难题,另一方面可以借助大平台相对成熟的供应链体系,依托其完成商品流的整合、物流配送的成网、线上线下店铺资源的整合等。

4)服务为魂,重构市场流通体系

为推进农村电商加快发展,提升农村流通现代化水平,应从强化公共服务体系建设入手,由原先的"两个中心,一个服务站"发展为现在的"一个中心,五个体系"组成的综合性农村电子商务公共服务体系,全面深化服务。"一个中心"即农村电子商务公共服务中心,集产品展示、业务培训、技术指导、综合服务为一体。"五个体系"包括多站点合一、协同发展的县、乡、村三级电子商务物流配送体系,负责活动策划、产品包装等的农产品电子商务营销服务体系,与农民零距离,解决农民上网问题的农村电子商务服务站体系,负责集货仓储、冷链运输、质检追溯的农产品电子商务供应链体系,以及进行常态化、标准化人才培养和输送的农村电子商务培训体系。

将电商服务、产品展示、培训孵化等功能集合起来,建设农村电子商务产业园,实现电商产业的规模化和聚集化,让电商产业抱团发展,也是深化农村电商服务水平的重要部分。为建设规范的农村电子商务产业园,要整合高校、企业、服务商、政府等多方资源。充分利用高校、职业技术学校等机构,有针对性地开展多层次培训,为电商的发展储备人才,为高校学生课堂直接引入企业老师,为学生提供真实的市场实践环境,实现电商教学与电商实践同步,让学生在顶岗、就业、创业过程中学以致用,不断创新,成为高质量电商人才。提供优惠的入驻条件,吸引电商企业入驻,并为其提供人才以及资源对接等服务。同时,可将产业园交由第三方服务商运营,政府定期对其进行绩效考核。除此之外,政府还在政策制定、场地提供、税费减免等方面为入驻园区的企业提供服务。政府的服务和企业需求要高效对接,特别是电商服务中心不仅要帮助企业解决政策咨询、运营支持等问题,也要让各类电商及服务企业,以及创业人员聚集,更好地促进农村电商的发展。

  地方要把握县域优势,全力打造功能齐全、规模集聚、带动作用大,且以地方特色产业主导鲜明的农村电子商务产业园区,加快培育"一园、一品、一特色"。农村电商产业园的建设还要注意当地电商的实际需求,数量适度为宜。虽然发展电商园区是个好现象,但是可能不少地方没有把握到重点,存在资源浪费的现象,因此政府应严格控制农村电商产业园的建设,杜绝低效复制;同时加强农村电商创业指导,明确创业风险,避免因"万众创业"所导致的盲目性。各园区之间要注重信息共享,避免恶性竞争。恶性竞争到一定程度,产品质量就会下降,利润也会消失,不利于园区的良性发展。最重要的一点是,产业园的建设需要软硬兼施。在硬件方面,强化功能载体建设,园区首先要为电商卖家提供优质的基础设施、网络和通信等硬件环境,充分发挥商务办公、网货展示、仓储物流、公共服务、人才培训、服务外包、创业孵化等功能,然后需要系统整合整个产业链和供应链的各个环节。除了提供上述硬环境之外,还需要提供看不见的软环境。电商产业园需要尽可能地集成各种必需的办公管理、项目管理、仓储管理等信息化软件系统,并对园区内用户低成本开放,让园区用户用较小的成本,使用较高效的信息化工具。如果政府出台相应的政策和资金支持,也将极大地促进当地电子商务产业园的发展。

  5)人才为引,建立多级培育体系

  2019年,整个电商行业从业人数突破5 000万,达到5 125.65万人。2020年,大约短缺人才1 500万人;未来两年县域、农村网商对电商人才的需求量将超过

200万人。农村电商人才队伍的建设、人才素质的提升,特别是领头人的培养,决定着农村电商未来的发展速度和质量。

"互联网+"电商时代的人才能力素养体系包括:①互联网的驾驭能力,即对运作原理、基本名词、机理、各种平台、各种模式的深入了解、普遍使用、正确辩证的判断消化的能力。②互联网的技术能力,即具备互联网平台的二次开发,并可以根据需要进行开发、设计、运用的能力。③互联网的趋势能力,即对未来发展趋势有基本的研究判断,并能根据自己企业实际进行紧密联系的能力。④互联网的运营能力,即对平台的运用,如社会化媒体、App(如淘宝、餐饮O2O等)的运营能力,熟悉运营互联网产品的基本方法、关键指标。⑤互联网的规则能力,即对互联网规则的理解、遵循和创新的能力,包括外部市场、内部管理、经济规则等。⑥互联网的跨界能力,即与传统企业进行跨界融合的能力,包括资源、要素和业务对接,价值链互联网化改造。"互联网+"电商时代的新农人要对农产品品质高度敏感,对农村电商的发展具有识别力、决策力和行动力。未来农村电商人才的培养需要以这些能力素养为目标,培养出大批适应农村电子商务发展需求的高素质人才。

健全人才培育体系,依托行业、高校、平台、政府,建设"四位一体"的农村电商人才培养模式。从行业入手,优化师资队伍,引入电商领域、农业领域以及农村电商领域的专家,建立区域专家库,提升电商师资队伍的整体前沿水平。建立企业商学院,了解企业所需人才的标准与要求,建立针对性的培养机制,着重对学员进行实操技能培训。从高校入手,一是要着重培养双师双能型的教师队伍。目前,农村电商专业的教学普遍存在电商专业或涉农专业的教师承担农村电商专业教学任务的情况。电商教师缺乏系统、科学的农业知识,重商轻农,很难在教学中传授农产品电商技能;涉农专业教师对电商知识和技能又缺乏一定的了解,在教学中重农轻商。培养双师双能型的教师本质就是培养出同时具备农业理论专业知识和电商实践能力的教师,从理论和实践两方面入手,优化教师的知识结构。二是高等院校尤其是高职院校在农村电商的教学过程中,要从基础、理论、技能、案例等多方面进行,培养出多方面的农村电商人才;同时引导学生转变就业观念,培养适合农村经济发展需要的毕业生。从平台入手,对于部分有自己成熟农产品供应链的参训学员,在培训结束后,可向当地电子商务公共服务中心建设承接的第三方电商平台进行产品供应,尽可能为学员省去各平台使用费及高昂的类目使用押金等开支,让学员可以专注于产品供应链的完善,提升学员培训后的孵化率。

从政府入手,出台相关政策,协助农村电商培训机构开展招生,针对每场农村电子商务相关培训,建立长效的沟通联系机制,做好培训经费预算和电商培训补助工作。

3.3 绩效评价体系构建

后示范时代的农村电商的发展,不仅要重视项目建设,更要重视后期运营的实际成效,重视生态系统的打造。各地政府应认真落实好农村电商绩效评价工作,对评价结果真实性、客观性和全面性负责,并在后续示范工作中,结合本地实际及时做出调整和要求,加大对形式主义和弄虚作假的打击力度,切实释放电子商务对农村经济发展的叠加作用,帮助农民特别是贫困户真正享受到电子商务发展带来的实惠,增强获得感。农村电子商务的快速发展将农村生产、流通和消费带入了网络经济的新世界,它已成为促进我国农业结构转型升级和空间布局优化的重要途径,是促进农村发展的重要手段,是促进农民群众创业创新、激发农村经济活力的重要渠道,也是精准扶贫的重要载体,而农村电商的公共服务水平又是影响其发展的重要因素。

在构建绩效评价体系时,首先要注意总结前人研究的电子商务评价指标和国内外机构发布的相关电子商务评价指标体系,借鉴已经被成熟应用的评价指标框架,提取和筛选能反映当地农村电商各方面水平的指标,并根据查阅的资料,再结合当地发展农村电商的特色适当添加指标,初步形成农村电子商务绩效评价体系。然后,邀请电子商务专家修改初步的绩效评价体系,再形成最终的农村电子商务绩效评价体系,并加以应用。

笔者梳理了学者有关助力农村发展、促进农村创业就业、公共服务水平以及精准扶贫绩效四个层面的绩效评价体系,并进行了一定的完善(见表 3-1、表 3-2、表 3-3、表 3-4),在此基础上,围绕后示范时代的农村电商的发展特点,结合相关专家的建议,从基本水平提升、生态与可持续发展的角度,提出农村电商强县建设的两套绩效评价体系(见表 3-5、表 3-6)。

1) 助力农村发展的绩效评价体系

对电子商务助力农村发展情况进行评估,能够及时发现当地农村电商发展存在的问题,并为未来的发展优化提出相应的政策建议,对于经济新常态下破解"三农"问题以及推进农业现代化,激发农村发展新活力,助推农村电商的持续发展具有重要意义。

在构建农村电商助力农村发展的绩效评价体系时,应遵循以下四点原则:一是全面性原则。在构建绩效评价体系时,指标应包含反映农村电商助力农村发展的各方面,做到不遗漏,不重复。二是可行性原则。绩效评价体系要围绕衡量农村电商助力农村发展这一目的,建立科学、可操作的指标,指标数据要便于收集、整理和计算。三是适度性原则。在保证绩效评价体系能够全面反映助力农村发展情况的前提下,指标体系应简明扼要,指标数量不宜过大或过小。四是可比性原则。设计的绩效评价体系应能对农村地区进行横纵向的比较,既可以比较不同地区之间,也可比较同一地区的不同时间。

电商助力农村发展是系统化的工程,这里的农村发展并非只是农村经济的发展,也包含社会、文化等多方面,需要设立具体的目标踏实推进。因此,笔者通过查阅资料,结合中国农村电商的发展和研究状况,借鉴相关文献研究,从三个方面来衡量电商助力农村发展情况,即电商助力农村经济发展、社会发展和文化发展。

表 3-1 电商助力农村发展绩效评价指标

一级指标	二级指标	三级指标
经济发展	经济效果	农村电子商务交易额占电子商务交易额比例
		农产品电商企业增加数量
		网商家庭收入提高额
	销售规模	农村电子商务销售规模
		网上店铺数量
社会发展	基础配套设施	农村互联网普及率
		村级电商服务点(包括快递网点数量)
		农村公路覆盖率
	就业规模	带动就业数量
		网店增加数量
		淘宝村增加数量
	购买规模	农村居民网购消费支出
		农村居民网购用户数量

(续表)

一级指标	二级指标	三级指标
文化发展	文化终端产品	体现地域文化特色的农产品挖掘
		农产品以外的电商终端产品
	文化创意氛围	"一村一品"建设
		政府财政支持
	电商培训数量	农村居民接受电子商务培训人数
		农村居民接受电子商务培训频率

(1) 电商助力农村经济发展。电商助力农村经济发展是指通过电商开拓农村市场,通过政策支持和利益驱动引导更多农产品企业、个体农户在电商平台开展销售活动,做大做强农村电商卖方市场,以此激活农村经济发展活力,提升农村网络零售额,增加农民网销收入。该指标下设经济效果、销售规模两个二级指标,具体三级指标见表3-1。

(2) 电商助力农村社会发展。电商助力农村社会发展是指通过电商发展完善的农村物流、网络、公路等基础设施,借助培训机构与农村政府合力提升农村电商培训数量及质量,解决农村青年创业就业问题,提升农村居民网络消费意愿,形成良好的农村电子商务社会氛围。该指标下设基础配套设施、就业规模、购买规模三个二级指标,具体三级指标见表3-1。

(3) 电商助力农村文化发展。电商助力农村文化发展是指通过电商发展推动农产品品牌建设,打造精品农业,同时普及利用互联网发展农业的观念,鼓励农民参加电子商务技能培训,鼓励电子商务和文化产业结合,促进对农村民俗文化的挖掘与创造,激发文化发展潜力。该指标下设文化终端产品、文化创意氛围、电商培训数量三个二级指标,具体三级指标见表3-1。

2) 促进农村创业就业的绩效评价体系

互联网和农村电商在基层农村不断普及,以"互联网+农业"实现的就业形式正变得越来越丰富。随着返乡创业的年轻人越来越多,依靠互联网和农村电商平台创业,并以创业带动就业,正成为"新风口"。农村电商发展的最终任务是解决农村经济发展问题,通过发展电商提高人们的生活水平。因此,构建电子商务促进农村创业就业的绩效评价体系,能有效帮助地方发现在实现农村电商发展根本目标过程中有待提升的内容,结合区域产业发展实际,进一步推动农村电商创业就业,探索"大众创业,万众创新"的道路,助力经济社会发展。

结合前人关于农村电商带动创业就业的研究,可以从四个维度完善农村电商促进农村创业就业的绩效评价体系,分别是农村电商创业就业规模、农村弱势群体电商创业就业规模、农村电商创业就业成本和效益,以及农村电商创业就业氛围。绩效评价指标如表3-2所示。

表3-2 电商促进农村创业就业绩效评价指标

一级指标	二级指标
农村电商创业就业规模	农村电商直接创业就业人数
	农村电商间接创业就业人数
	农村电商创业就业人数/该区域总就业人数
农村弱势群体电商创业就业规模	农村妇女就业人数
	农村残疾人就业人数
	农村劳动力转移人数
农村电商创业就业成本和效益	农村电商直接创业就业人数/农村电商资金投入
	农村电商运营收入/农村电商直接创业就业人数
农村电商创业就业氛围	农村电商创业就业培训班期数
	参与培训人数

(1) 农村电商创业就业规模。农村电商本身吸纳就业能力强,能提供大量的创业就业岗位。此外,农村电商能改变传统的经济空间布局形式,促进传统产业转型升级,带动当地农业、农产品加工、农业旅游等相关产业的发展。"互联网+"时代下的各种新型职业层出不穷,就业正从千人一面转向千人千面,这间接带来了大量的创业就业机会。这里,本书选择农村电商直接创业就业人数、农村电商间接创业就业人数、农村电商创业就业人数/该区域总就业人数这三个指标来反映农村电商创业就业规模。农村电商创业就业人数/该区域总就业人数指标是当地农村电商创业就业人数占该区域总就业人数的比例,直接体现规模。

(2) 农村弱势群体电商创业就业规模。弱势群体就业问题是影响社会稳定与发展的重要风险因素之一,此处的弱势群体主要指农村妇女、农村大量剩余劳动力以及残疾人士,农村电商的发展能一定程度解决这些群体的就业问题,例如农村电商发展带动的快递、餐饮、住宿、旅游等相关行业,能有效转移农村剩余劳动力,同时吸引大批农民工返乡就业。因此,本书选取农村妇女就业人数、农村残疾人就业人数、农村劳动力转移人数来反映农村弱势群体电商创业就业规模。

(3) 农村电商创业就业成本和效益。农村电商带动的直接或间接创业就业人数只是意味着就业规模,不能反映经济体系的资源配置效率,因此还需要考察其成本与效益。选取劳动力密集程度衡量创业就业成本,随着农村电商的发展,快递、包装加工等劳动密集型产业快速发展,开辟了新的就业渠道,因此创业就业成本可以体现为每份农村电商资金投入带来的创业就业人数。创业就业效益可以用平均一个农村电商创业就业人员带来的收入表示。因此,本书选取农村电商直接创业就业人数/农村电商资金投入、农村电商运营收入/农村电商直接创业就业人数两个指标来反映农村电商创业就业成本和效益。

(4) 农村电商创业就业氛围。农村电商培训工作是促进脱贫致富、增加群众就业的重要举措,从熟悉网上交易、学习电商基础知识、掌握开店流程等方面,对农村居民进行电商创业技能培训,有利于提高农村居民对互联网的使用意愿,营造良好的农村电子商务创业就业氛围,从而持续带动农村青年、返乡大学生、返乡农民工、农村妇女、残疾人等人群通过电商进行创业就业。因此,本书选择农村电商创业就业培训班期数和参与培训人数两个指标来反映农村电商创业就业氛围。

3) 公共服务水平的绩效评价体系

公共服务中心作为农村电商的载体,是农村电商体系建设的核心环节,它以整合各方资源为基础,打造培训、物流、农产品质检和营销等体系,力求解决农村观念、人才缺乏、农产品销售、物流"最后一公里"等问题,帮助落实政府相关政策。农村电商公共服务中心的实施建设,能让各地的县域经济综合优势有效发挥,提高县域经济社会运行质量与效率。其服务水平直接影响农村电商的实施效果,因此,对农村电商的公共服务水平绩效进行科学评价,是保证其建设规范的重要工作。

结合我国农村电商公共服务中心建设标准及其发展现状和特点,参考相关文献资料,农村电商公共服务水平绩效评价可以从便捷性、功能性、用户感知和服务人员素质四个维度展开。在此基础上,对应提炼出十四个二级评价指标,总体构成农村电商公共服务水平的绩效评价体系,如表3-3所示。

表 3-3 农村电商公共服务水平绩效评价指标

一级指标	二级指标
便捷性	服务覆盖范围
	提供服务的及时性
	资源整合度
功能性	农产品溯源
	技术支撑
	物流仓储
	人才培训
	营销宣传
用户感知	服务的适用性
	服务的可靠性
	服务的准时性
服务人员素质	服务人员形象
	服务人员态度
	服务人员专业度

（1）便捷性。农村电商公共服务的便捷性，即公共服务中心提供服务的便利程度，包括服务覆盖范围、提供服务的及时性以及资源整合度。服务覆盖范围考察提供的人才培训、平台支撑、营销宣传、物流仓储、农产品溯源检测等功能性服务能否普及到乡镇或村；提供服务的及时性用来考察服务站点设置的合理性；资源整合度指标考察服务站点是否有效对接生产企业、农业合作社、家庭农场等行业资源，以及培训机构、平台运营商、营销公司、物流、金融等第三方服务商资源。

（2）功能性。农村电商公共服务的功能性，指的是公共服务中心提供的各种功能性服务，具体包括提供的农产品溯源检测、平台等技术支撑、物流仓储、人才培训、营销宣传等功能服务的水平。农产品溯源指标考察农产品质量安全追溯系统功能是否全面，对本地农产品的质量检测是否有效；技术支撑指标考察公共服务中心是否能提供多种移动系统或平台以强化用户体验，助力创业者的创新和发展；物流仓储指标体现在县、乡、村三级物流体系的高效率衔接和配送，考察服务中心是否能提供人员、管理及场地等服务，帮助企业降低快递运输成本，解决农村物流配送"最后一公里"问题;人才培训指标考察服务中心是否能整合县域电商培训机构或行业资源,对有电商创业需求的农村青年、返乡农民工等提供增值培训,并建立培训后服务机制,翔实记录培训对象和服务内容;营销宣传指标体现在为农产品的销售提供产品美工、活动策划、品牌建设指导、互联网宣传等一条龙服务,考察其是否充分利用报纸、电视、广播、网络等全媒体进行宣传,为服务对象扩大品牌知名度、提升销量和增收。

(3)用户感知。农村电商公共服务的用户感知,即用户对服务的适用性、可靠性以及准时性等的满意度感知。这里的用户指的是入驻企业、农村电商经营主体等。适用性指从事电商的企业和个人可以享受到的具有针对性的服务或可行性建议,并且服务方式可接受、可理解;可靠性是指服务重视用户的利益和未来发展,能够帮助农村电商经营主体解决电商发展中的问题;准时性是指按照承诺的时间准时向用户提供各种功能性服务。

(4)服务人员素质。农村电商公共服务的服务人员素质反映为服务人员的形象、态度以及专业水平等方面的能力,服务商和员工要能够想客户之所想,向客户提供他们所需要的服务。服务人员形象指标主要考察服务人员是否着装得体,能代表公共服务中心的良好形象;服务人员态度指标考察服务人员提供服务时的态度,如是否能耐心应答用户咨询,解决各种突发情况;服务人员专业度指标考察服务人员是否具备农村电商的专业知识和技能,是否了解当地发展农村电商的相关政策。

4)精准扶贫的绩效评价体系

精准扶贫策略的提出,表明我国的扶贫工作模式从过去的区域性扶贫向"精准到户到人"发展,各地均以贫困户为单位开展了精准识别以及精准帮扶等工作。而随着互联网时代的不断发展以及互联网普及率的不断提高,"精准扶贫"政策下的"电商扶贫"政策更是推动了农村互联网经济的发展和崛起。随着脱贫攻坚的逐步深入,农村电子商务在扶贫工作中的作用越来越大,其精准扶贫的绩效评价必然会影响政策的实施效果,因此受到社会各界的关注。因此,科学地评价农村电商精准扶贫绩效,对继续保持农村电商在现有扶贫工作中的"造血"能力,促进做好精准扶贫、精准脱贫的收尾工作和推动农村电商的发展具有重要意义。

精准扶贫绩效评价体系应能全面有效地反映精准扶贫工作的进展,同时要结合农村电商扶贫的目的及任务。因此,在构建农村电商精准扶贫的绩效评价体系时,应遵循以下六个原则:一是对象参与原则。扶贫对象的实际感知是扶贫工作实效的直接体现,因此在设计指标时要考虑扶贫对象的主观感受、意见的表达和互动,将扶贫工作利益相关者尤其是扶贫对象的认可度纳入指标体系中。二是代表性原则。衡量农村电商扶贫绩效的指标多且杂,需要选择有代表性的关键指标,提高评价指标的普适性、全面性和系统性。三是可计量原则。所有指标设计都要充分考虑数据收集和处理的可行性,所选取的指标要有数据、资料的可获得性,必须体现为评价简便,且最终能够用数据加以检测和统计分析。四是可持续性原则。指标设计要考察农村电商在发展的同时能否形成一个可持续的良性循环,为贫困农村地区的经济等方面注入长久的活力。五是社会效益原则。指标设计要能考察农村电商在提高农民收入、减少农产品损失、促进农村基础设施建设、促进农民就业等方面的成效。六是公共价值原则。进行绩效评价不仅是要进一步提高扶贫绩效,更是要满足贫困户需求,因此,指标设计要能反映贫困户实际需求,以及贫困户需求满足情况。

《建立精准扶贫工作机制实施方案》明确提出了要对贫困户和贫困村精准识别、精准帮扶、精准管理和精准考核。要以精准识别为前提,把识别做准;以精准帮扶为核心,把政策落实;以精准管理为关键,把管理做细;以精准考核为保障,把考核做严。同时,扶贫效益能直接反映农村电商精准扶贫的成效。因此,可以选择精准识别、精准帮扶、精准管理和扶贫效益四个方面作为一级指标,以及对应的十一个二级指标,构建农村电商精准扶贫绩效评价体系,如表3-4所示。

表3-4 农村电商精准扶贫绩效评价指标

一级指标	二级指标
精准识别	贫困人口识别率
	贫困人口参与电商比率
精准帮扶	农村电商扶贫专项资金比率
	参与电商技术培训的贫困农民比率
	贫困户对帮扶工作的认可度
精准管理	扶贫对象筛选过程公开透明度
	扶贫资金使用过程公开透明度
	贫困农民参与决策程度
扶贫效益	带动贫困人口数
	带动就业人数
	贫困农户人均电商收入

(1) 精准识别。所谓精准识别，就是按照统一标准，通过规范的流程和方法，找出真正的贫困村、贫困户，了解贫困状况，分析致贫原因，摸清帮扶需求，为扶贫开发瞄准对象提供科学依据。精准识别是前提，是基础，也是关键的部分，识别出真正贫困户后，才能根据其不同致贫原因进行不同的扶持，实施"个性化"帮扶。再结合实际情况，按照流程做好识别、建档立卡、信息化建设。因此，将贫困人口识别率即建档立卡的贫困户识别准确率作为一个二级指标，另一个指标是贫困人口参与电商的比率，即参与农村电商的贫困人口数在该农村贫困人口总数的占比。

(2) 精准帮扶。精准帮扶要求项目安排、资金使用、措施到户、因村派人等环节的精准，是在精准识别的前提下，根据不同扶贫对象的特征和需要采取针对性的帮扶措施。提升贫困人口参与电子商务的能力是精准帮扶的重要内容，但从实际看，贫困人口参与农村电商最主要的困难在于经济基础差和电商知识技术不足。同时，精准帮扶还需考核帮扶对象对帮扶工作的认可度。因此，可以选择农村电商扶贫专项资金比率、参与电商技术培训的贫困农民比率，以及贫困户对帮扶工作的认可度作为二级指标。

(3) 精准管理。精准管理是指对扶贫过程进行组织、协调、控制等一系列活动，从而保证精准扶贫稳步推进。对扶贫资金要进行严格的监管，扶贫资金投入村后，贫困户对其资金使用的了解程度，直接影响着资金在扶贫工作中的流向及使用，进而影响扶贫绩效；扶贫对象筛选过程的透明公开程度，也会直接影响贫困户参与电商的积极性；除此之外，农村电商精准扶贫的过程中还需要保障农村居民决策、监督、咨询等权利的实现。因此，可以选取扶贫对象筛选过程公开透明度、扶贫资金使用过程公开透明度，以及贫困农民参与决策程度这 3 个指标作为二级指标。

(4) 扶贫效益。扶贫效益是精准扶贫工作开展最为直观的反映，主要考察在实施农村电商精准扶贫后，贫困农村减贫效果、农村贫困人口的减少、贫困户收入的增加等情况。减贫成果、经济效益、社会效益是贫困户脱贫的关键因素，也是扶贫效益的主要体现。因此，在设计时，选取了带动贫困人口数、带动就业人数，以及贫困农户人均电商收入即贫困农户当年从事电子商务活动带来的收入这三项内容作为扶贫效益指标的二级指标。

发展农村电商已成为当下趋势，在改善村民生活方式，提高村民生活质量的同时，建立健全有关农村电商发展各方面的绩效评价体系，加强完善农村电商发展监督管理制度创新，能够更好地帮助地方政府验收农村电商发展实效，从而提出农村电商提质增效的可行对策，更好地将农村电子商务发展落到实处，帮助农民真正从电商中获益。在上文中主要对农村电商助力农村发展、促进农村创业就业、公共服务水平，以及精准扶贫绩效评价体系进行了构建，此外，农村电商绩效评价体系还包括农产品供应链体系、物流体系、人才培养体系等内容，它们都是值得关注的重点。

5) 农村电商强县基本绩效评价体系

农村电商强县的建设，应在示范县建设的基础上，强化后示范时代的特点和要求，从成长指数、生态指数、规模指数、"三农"指数、政策指数等五个方面设计绩效评价体系，如表3-5所示。

表3-5 农村电商强县基本绩效评价指标

一级指标	二级指标	描述（本县样本值）
成长指数	网销增速	全县电商网络零售销售额增速
	网络搜索指数	百度搜索"××县＋电商"结果数量增速 标准启动的时间点，各县先统计一个数值，作为初始值A；半年后再取一次值，为B，B/A为本县样本值
	物流增速	电商快递件数增速
生态指数	服务商数量	本地注册和签约引进的第三方电商服务商数量（含物流快递、包装、软件、摄影、装修、营销广告等行业，且为网商服务的服务商）
	物流成本	省会城市物流成本/本地物流成本（按1公斤首重计费计算）
规模指数	网商规模	网商（含企业与个人）占全县注册企业（含个体工商户）的比例
	网商能力	月销售额在100万元以上的网商数量，及获得省级优秀电商企业称号的电商企业数量，两者之和
	网销规模	全县网络零售销售额占全县社零总额的比例

(续表)

一级指标	二级指标	描述（本县样本值）
"三农"指数	服务站	农村电商服务站的行政村覆盖率
	农产品	农产品网销额/全县农产品产值
	淘宝村	认证的淘宝村数量/全县行政村数量
	扶贫	建档立卡的贫困户纳入电商服务体系的比例，包括电商培训、上行下行、电商供货等
政策指数	政策与规划	有完整的县域电子商务发展规划，出台行之有效的电商公共政策和措施
	资金	设立专项电子商务发展资金的情况
	影响力	过去三年，省级及以上电子商务主题大会举办次数
	领导力	考核期内，主要领导（副县长及以上）出席电商活动的次数

6) 农村电商强县成长绩效评价体系

电商强县的发展，应该是以生态打造与可持续发展方向作为重点，绩效评价体系可从电商生态指数、网销成长指数、可持续发展指数等三个方面设计，如表3-6所示。

表3-6 农村电商强县成长绩效评价指标

一级指标	二级指标	描述（本县样本值）
电商生态指数	服务商数量	本地注册和签约引进的第三方电商服务商数量（含物流快递、包装、软件、摄影、装修、营销广告等行业，且为网商服务的服务商）
	物流成本	省会城市物流成本/本地物流成本（按1公斤首重计费计算）
	专业人才	通过当地职高培养的电子商务专门人才
	公共服务中心服务能力及服务站存活率	公共服务中心展示、培训、孵化及相关公共服务能力，以及农村电商服务站数量与成效
	农产品品牌化	农产品网货化、品牌化程度
	电商聚集村	认证的电商聚集村数量/全县行政村数量
	扶贫成效	建档立卡的贫困户纳入电商服务体系的比例，包括电商培训、上行下行、电商供货等

(续表)

一级指标	二级指标	描述(本县样本值)
网销成长指数	网商规模	网商(含企业与个人)占全县注册企业(含个体工商户)的比例
	网商能力	月销售额在100万元以上的网商数量,及获得省级优秀电商企业称号的电商企业数量,两者之和
	网销规模	全县网络零售销售额占全县社零总额的比例
	网销增速	全县电商网络零售销售额增速
	物流增速	电商快递件数增速
可持续发展指数	政策与规划	有完整的县域电子商务发展规划,出台行之有效的电商公共政策和措施
	专项资金	设立专项电子商务发展资金的情况
	社会影响力	过去三年,省级及以上电子商务主题大会举办次数
	区域公共品牌应用	本县应用区域公共品牌企业数/品类数
	领导力	考核期内,主要领导(副县长及以上)出席电商活动的次数

4 定位与模式

近年来,在政府与市场等各主体的大力推动之下,电子商务进农村综合示范工作稳步开展,农村电商发展迅速。但是,对于示范县来说,示范项目的完成只是当地农村电商的一个新起点。由于农村电商,特别是贫困地区农村电商开展的难度巨大,示范县项目不可能一步到位地解决农村电商的所有问题。示范项目结束后,地方仍需清醒认识并继续解决依然存在的问题,保持当地农村电商的可持续发展。后示范时代农村电商的路怎么走,需视当地示范项目后的新情况,做出新定位、新规划,创新其发展模式。

4.1 后示范时代农村电商定位规划

一个契合实际的农村电商定位,是推进农村电子商务发展的基础,能带动农村经济发展。当前,各省在国家政策的引领下,都纷纷出台了一系列扶持、监管政策鼓励农村推广电子商务的应用,推进电子商务进农村综合示范。在电子商务热潮中,很多地区急功近利快速建设,有量没质,缺乏战略意识。很多农村居民在开展电商业务时,只着眼于短期利益,缺乏明确的经营目标以及可行的发展规划,有钱赚就一拥而上,没钱赚就立刻放弃,摇摆不定,使得其经营管理具有一定盲目性。

这些现象归根结底是农村电商的定位不准确,农村电商经营主体未能根据当地及自身实际情况做出科学定位,直接导致其盈利目标、发展模式的不明确。定位不准导致在发展战略的选择时出现偏差,以致在经营过程中暴露出许多问题,直接影响其生存和发展。找准市场定位是发展农村电商的基础。因此,依据PEST(Politics, Economy, Society, Technology)分析法,科学评估各地农村电商发展的政治、经济、社会及技术环境,明确农村电商的战略定位和战略目标,科学地选择农村电商发展方向。

1) 我国农村电商的 PEST 环境分析

(1) 政策环境

我国政府对农村电商的发展非常重视,近年来多次在国家中央一号文件中重点强调"农村电商"。2013 年首次提起农产品电子商务的发展;2011 年发布的"十二五"规划中,明确提出在电子商务发展中的农业规划;2016 年的《电子商务"十三五"发展规划》提出要"加快电子商务进农村";2017 年下半年开始,农产品上行得到各地政府、各大电商平台的进一步重视,形成了一系列的新举措;2018 年的中央一号文件提出了"建设现代化农产品冷链仓储物流体系""深入实施电子商务进农村综合示范,加快推进农村流通现代化"等;2019 年的中央一号文件提出要继续开展电子商务进农村综合示范,实施"互联网+"农产品出村进城过程;2020 年的中央一号文件,农村电商仍然是其关注的重点内容之一,提出"加强村级电商服务站点建设""开展国家数字乡村试点"等。

国家对于发展农村电商的重视在惠农政策上也有所体现。2004 年的中央一号文件明确提出了增加农民收入的相关政策;2005 年的中央一号文件再次将农民放在政策首位;2006 年的中央一号文件提出建设社会主义新农村,强化"三农"政策;2007 年的中央一号文件提出"发展现代化农业"。2016 年的中央一号文件又提出要加快我国农村电商的发展,重点提出了要支持农村农产品电商平台建设;文件中还提到要有机结合农产品流通与电子信息,积极营造网络与实体交易相结合的新型农业经济模式,促进我国农村电子商务的稳步发展。特别是在国家提出"大众创业,万众创新"之后,更是涌现出了大批的农产品电商平台,这些都为我国农村电商的发展奠定了良好的基础。

随着农村电商的不断发展,政策层面也在持续强化。从 2014 年探索开始,到 2017 年全面推进,电商扶贫在脱贫攻坚中发挥着越来越重要的作用;2015 年首次提出坚决打赢脱贫攻坚战,实现农村贫困人口脱贫;2016 年发布了《关于促进电商精准扶贫的指导意见》,将电商扶贫纳入脱贫攻坚总体部署和工作体系;2017 年十九大首次提出实施乡村振兴战略,标志着城乡一体化进入城乡深度融合的新阶段;中央农村工作会议中也以乡村振兴战略为主线,全面部署"三农"工作。在此政策背景下,农村电商也必然要围绕乡村振兴战略展开新的谋划。

(2) 经济环境

2013年起,中国的物流事业有了很大的发展,"四通一达"成了我国的物流标志,但是在运输生鲜农副产品方面,仍存在很大不足。因为农产品物流需要对运输过程的温度进行控制,如果距离过远,就很容易导致在物流环节上产生相当大的损失率。但随着人民生活水平的不断提高,人们对食品质量要求也相应提升,在国家一系列政策引导下,农产品冷链物流快速发展,行业标准化体系和基础设施建设也在逐步推进。公开数据表明,2017年全国社会物流总额252.8万亿元,农产品物流总额为3.7万亿元,增长3.9%,工业品物流总额为234.5万亿元,同比增长6.6%。与工业品物流相比,农产品物流发展速度相对缓慢。其主要原因是农产品运输环节过多,运输过程中产生多次的装卸,加重了其损耗和资金的消耗。与此同时,在物流的流转过程中,信息化技术不能够得到很好的普及,也导致物流方面发展缓慢。

随着人均收入的不断提高,人们对信息的消费也在逐年增加。据国家统计局调查,2019年,我国农村居民人均可支配收入16 021元,扣除价格因素,实际增长6.2%。农民收入的不断提高,加大了对宽带网络、有线电视、个人通信设备等的信息消费费用。同时,随着国内经济发展以及国内金融服务水平的提高,再加上各大电商平台的崛起,电子商务领域支付水平得到了显著发展。人们逐渐改变了传统的现金支付方式,网上支付逐渐得到企业和消费者的认可和使用,尤其是在一线城市,在线支付已逐渐代替货币支付。但是在农村,由于大部分农产品交易的主体是农民,而我国农民普遍文化水平偏低,难以适应现代新型支付方式,因此,不少地区还在维持传统的现金支付方式。

在新时代背景下,农业作为第一产业在我国生产中的重要性不断下降,GDP占比从2014年占比9%到2019年占比7%。但我国农村劳动力仍然很多。据调查,2019年我国乡村常住人口55 162万人,占到了全国人口总数的39.4%,参与农业生产的农民基数仍然很大,阻碍着生产规模的扩大。由于占全国总人口40%的农民只生产了7%的GDP,因此,我国农村生产结构亟须调整,农业发展方式以及理念也亟须改变。

(3) 社会环境

我国正处于新旧动能接续转换、经济转型升级的关键时期,建立完善的信用体系是发展农村电商的必经之路。完善的信用体系可以替国家节省大量成本,使得电子商务平台运营商所售产品更具真实性和可靠性。在我国早期发展阶段,信用体系建设不完备,很多个人或企业利用信用体系的漏洞致富。而在电子商务领域中,假冒伪劣产品横行是对行业竞争环境破坏最严重的现象。现阶段,我国信用体系建设较为成功的是阿里巴巴集团,它从本源出发,建立企业信用体系,净化了电子商务竞争环境。在我国的农村电子商务发展中,整体的信用体系健全还存在很大的问题。虽然自2012年在农村信用社的信用贷款体系中全面实施农户小额贷款,推动了农村电商的发展,但是由于农户对信用体系了解甚少,所以他们不能够进行有效的商务管理,从而影响其在电子商务发展过程中的利益关系。例如在信用体系的实施中,会出现虚假交易信息,在销售时也可能会出现哄抬标价的现象,进而引发一系列的问题。当前,我国农村电子商务的诚信机制还不完善,可以借用阿里巴巴等电子商务平台成熟的信用体系,逐步提高运营诚信水平,促使农村电商朝着良性方向发展。

农村电商发展氛围好。随着中央一号文件提出实施电子商务进农村战略,推进农村电商发展成为我国"三农"工作非常重要的一方面。随着农村电商在促进农业产业化发展、农民增收和农村经济发展方面的成果逐步显现,越来越多的有识之士认识到农村电商的发展潜力,各大企业也纷纷布局农村电商,阿里巴巴、京东、苏宁易购等都把农村作为未来发展战略之一。同时,随着电子商务进农村的大力开展以及农村电商培训工作的展开,农民对电子商务的认知和认可也逐渐提升,感受到了电子商务带来的便利,愿意通过电商购买农业生产资料,甚至加入农村电商行列,通过电商销售农产品。近年来,我国农村网店数量、网络零售规模均持续增长,各地都在积极探索独具特色的电商发展模式,形成了多样化的农村电商发展模式大环境。

(4) 技术环境

中国互联网近年来发展迅猛,根据中国互联网络信息中心(CNNIC)发布的第46次《中国互联网络发展状况统计报告》,截至2020年6月,我国网民规模达9.40亿人,互联网普及率达67.0%,互联网产品已经出现在衣食住行的各个领域。其中,我国农村网民规模为2.85亿人,占网民整体的30.4%,较2018年底增长6 371万人;网络购物用户规模达7.49亿人,较2020年3月增长3 912万人,占网民整体的79.7%。伴随互联网技术的不断成熟,移动互联网技术发展迅猛,截止到2020年6月,我国手机网民规模为9.32亿人。移动互联网技术的逐步成熟,使越来越多的消费者能够随时随地上网、购物，也为农村电子商务的发展提供了技术基础。

信息技术和通信技术的发展，也为我国农村电子商务的发展提供了强大的技术支持。以通信为例，工信部最新数据显示，我国行政村光纤和4G网络通达比例均已超过98%，提前完成了"十三五"规划目标，为农村经济社会发展、助力脱贫攻坚打下了坚实的基础。随着运营商在农村地区继续深入提速降费，农村居民在通信方面的支出压力降低，才会有更多农民走上电商道路。总体来说，我国农村信息化正处在高速发展的快车道中，为我国农村电子商务发展带来了新契机。与此同时，随着信息技术及PC制造业的不断发展，电脑、手机、ipad等网络终端价格越来越低，上网资费也越来越便宜，人们可以借助信息技术开发出不同的应用程序。同时区块链、人工智能、大数据技术、云计算、数据挖掘等技术的发展，使得大量的现代信息技术被应用到农村电子商务中，挖掘利用农业数据，更好地满足客户需求。

此外，在物流技术的发展方面，我国冷链物流在技术层面和模式方面均取得了突破性创新，有效提高了农产品的运输质量，为人们提供更加高质量的农产品；食品溯源技术更是带动了冷链物流效率的提升，记录产品从源头产地到终端消费的冷链全过程，保证了食品的安全。但是由于我国农产品冷链物流起步晚、基础薄弱、专业化水平不高，其高居不下的物流成本仍然制约着农村电商的发展。中国电子商务研究中心主任曹磊表示，当前农村电商物流大多只能延伸至县城或乡镇，包裹难以直接送到村民手中。"一是派送包裹数量不多，且交通不便，逐村派送不划算；二是从乡村发出的包裹少，高于运营成本，物流企业难以实现盈利。"这也是由于国内农产品物流的信息化水平不高导致的，农产品在物流运输中，车辆配置不合理，造成物流浪费，物流成本升高。未来，为了全面降低农村电商物流成本，应在不断完善农村物流基础设施建设的同时，将大数据、云计算等技术投入农村电商物流领域应用，借助智慧物流降低配送成本，让农产品上行及工业品下行更加畅通。

2）农村电商基于区域特色优势定位的必要性

（1）本地化不足制约农村电商发展

农村电商本质上还是本地化电商，农村在开展电子商务时，要综合考虑当地的实际情况，以本地农产品为依据，顺应农村电商本地化的大势。但是，当前农村电商的发展存在很明显的一个问题，就是一些县域在促进地区农村电子商务发展过程中,实际经营的电商产品却多为外地产品,本地产品电商化不足,企业缺乏引导,产品定位不准,不能因地制宜地开展电商,与地方特色优势结合不深入。要想通过电子商务带动农村经济发展,不管企业抑或是个人都要有好的产品,而好产品来源于地域优势产业。

因此,发展农村电商需要因地制宜,做出特色。所有的互联网工具和电商工具的应用,都依赖于基础条件的扎实。地方发展电子商务首先要明确当地具有相对优势和独特优势的特色农产品、特色文化底蕴、特色优势产业或是特色旅游景点,在定位电商发展路径时,结合当地文化、农特产品和特色产业进行挖掘;认清自己的产业现状和地缘优势,找到自己的优势产业,并且把这个优势产业作为自己的未来发展方向重点打造。

(2)国家政策引导发挥特色优势

2019年中央一号文件表示,鼓励村民利用当地特色发展特色农业,以一村一品、一县一业为发展目标。提高农产品的质量,增强农产品的商标保护,鼓励大家创建特色农产品品牌。鼓励发展水果、蔬菜、茶叶、中药材及特种养殖等各种经济农业,促使建设特色农产品的优势区。利用当地的具有地域特色的产品发展手工业,挖掘手工业人才,促使发展家庭工坊、农村作坊车间。

农村电商主要就是为了提高农民的经济效益,而在农村发展特色农业,能够丰富农村电商的产品类型,吸引顾客与投资者。因此,基于农村的特殊经济环境,要充分发挥地域优势,整合当地资源,因地制宜嫁接互联网,带动整个农村经济的良性发展。以特色产品为突破口,持续挖掘农村地标产品;以优质特色农产品为突破口,做好品牌树立,把当地的文化、特色、故事融入品牌之中,推动"一村一品一店"新型农村经济业态,带动农业转型升级;同时,促进当地农业、旅游业、商贸业的有效融合,推动农村经济发展,助力脱贫攻坚。

(3)有利于帮助农民增加收入

长期以来,由于农村教育水平落后、经济条件差等因素,农民生产力水平普遍较低;且农村信息技术落后,农民思想观念也相对保守,可选择的就业岗位少之又少,大多数农民坚守自家的田地,劳作种植,收益不高,这极大地影响着农村经济发展。而农村电商就是要通过电子商务拓宽销售渠道,扩大农产品的销售范围,减少农民对中间商的依赖,在此基础上聚焦特色产业,发挥区域优势,推动农村电商集聚发展,形成农村电商与特色产业相互促进的发展态势,更加繁荣农村经济,促进农民增收。

不仅如此,电子商务为"大众创业,万众创新"提供了平台,极大地拓宽了农民就业渠道。农村电商可以为农民提供各类招聘信息服务,提供电商专业技能培训,在农村创业还可享受到减税降费的优惠政策,有效带动农民创业就业,缓解了农村剩余劳动力的问题,增加了农民收入。

(4) 有利于创造农村电商新模式

电子商务作为一种全新的商业模式,将产业链、价值链、供应链等融入传统农业,农村通过网络技术逐步发展电子商务,能加速农村经济结构的转型升级,促进传统农业转型升级为现代农业。与此同时,以农村电商为主要抓手,结合独具特色的地域文化及产业,明确地方发展农村电商的方向,才能在多方融合下衍生出新业态,创造出独具地方特色的农村电商发展新模式,推动农村电商的可持续发展,带动农村经济焕发新的生机。

因此,农村电商要将基于区域特色优势的定位作为农村电商可持续发展壮大的基础,依靠当地特色农产品和优势产业发展特色农业;鼓励和支持地方优势企业探索电子商务,找准自身特色,学习成功经验,立足自身创新,不断探索农村电商发展新的模式。

3) 发展农村电商的定位建议

(1) 政府规划先行,强化顶层设计

电子商务作为互联网时代下的新兴产业,前期更依靠政府部门通过顶层设计去推动。《电子商务"十三五"发展规划》中,推动农村电子商务发展是八项重点任务之一。县级党委和政府应针对电子商务发展要素,充分发挥各级职能部门作用,统筹规划,做好顶层设计。首先,政府要充分借鉴电商发展成熟地区的经验,引入专家团队,成立农村电商发展领导小组;分析当地发展的实际情况,包括资源、现状、潜力、区位、交通、人口、优势产品及产业、特色农产品、文化旅游资源等;还要分析其电子商务的发展现状,包括互联网应用现状、网商的数量、网商类型、主要产品、电商服务业现状(包装、物流、仓储、营销、供应链)、电商人才及培训的现状等;再结合国家出台的有关农村电商发展的热点问题的政策,根据分析结果科学地编制当地的农村电商发展规划,包括发展定位、总纲领、总目标,规划好当地农村电商发展的路径及重点项目。其次,政府应充分发挥其公信力,帮助企业寻找优势资源;加强组织领导,设立农村电商服务中心,组建行业协会,引导协会自行建立行业自律公约,营造一个良好的竞争和发展环境;统筹协调相关单位的合作,组织实地考察优秀的电子商务企业,促进电子商务企业与协会的交流;设立农村电商发展专项资金,用于电子商务的宣传、培训及奖励。再者,必须加快农村地区网络基础设施的建设,实现农村网络全覆盖;对电子商务的配置进行优化,打造具有地方特色的本地电商平台,建立起一个三级服务体系;通过完善农村物流配送体系,全面推动物流网络的优化布局,建立健全农村仓储设施,不断提高农村电商的处理效率,降低电子商务物流成本,打通农村电子商务"最后一公里";建立农村电子商务产业园,集聚创业孵化、人才培养、电商公共平台等功能,为电商运营主体提供全方位服务。最后,政府必须大力营造农村电子商务氛围,针对知识有限、思想守旧的农民,大力开展电商知识宣传,增强其使用互联网的意愿;积极开展各类专业技能培训,提高农民的电商实操水平;加强对农村电商人才的引进和培养,鼓励广大农民返乡创业,帮助农村电商发展真正落到实处。

(2) 挖掘产品特色,彰显地方优势

每个地域都有其唯一性,由于经纬度、气候条件、土壤结构、地形地貌、文化氛围等多方面的不同,会生长出具有明显地域特色的农产品。要想在农村电子商务的浪潮中脱颖而出,我们就必须明确产品定位。对产品的定位要彰显地方特色,体现出差异性,进而增强产品的竞争优势;充分挖掘具有鲜明地域特色的优质产品,全方面地了解产品的特性及功效,并从中找出最契合消费者内心需求的几个特色卖点,挖掘出产品独特的市场价值。此外,农村电商运营主体还要注重对产品后期的包装及营销工作,要结合品牌文化的符号以及地方文化氛围,设计产品的识别体系,并围绕这个识别系统,设计整体的营销路线;巧妙地应用热点进行营销,加强对产品核心价值的传递,进一步引发广大消费者内心的共鸣,使消费者形成对产品价值的认可和偏好。基于以上分析,挖掘特色、明确定位是农村电商产品进入市场必不可少的重要环节。

(3) 关注产品质量,做强地域品牌

产品质量过硬无疑是农村电商良好发展的基础。电子商务发展到今天,使得消费者在价格上得到了最大的优惠,在购物途径上也得到了最大的便利,但与此同时也产生了产品质量等方面的问题。于是,从国家到地方再到电商龙头企业,都开始重视加强对电商产品质量问题的监管。而对于农村电子商务来说,产品质量的重要性更是远超价格、口味等要素。尤其是对于农特产品,农特产品最大的优势就在于新鲜、绿色、营养价值高,若是质量不过关,其在消费者心中的信誉就会降低,直接影响农村电子商务的良性发展。

因此,各地发展农村电子商务必须定位于高质量产品,强化品牌建设。政府应制定整个产品供应链的标准化体系,加强农产品市场的统一化管理,实现农资统一采配,统一生产、加工、质量检测、包装、运输、装卸、销售等各个环节,带动当地农产品整体水平的提升;不断优化农特产品质量,加快推进农产品网络销售品质的资质认证、诚信认证、无公害农产品质量认证、有机产品、绿色食品和地理标识农副产品等认证,加快推动农产品"身份标识",完善农产品的溯源体系建设,着力解决农村电商产品质量标准化问题,增强消费者对农产品质量的信任;树立品牌意识,加大政府扶持力度,整合当地特色农产品品牌,积极打造和培育新品牌,鼓励产品创新并不断提高技术研发投入,促进农产品往精深加工高质量方向发展;同时,线下可以开展文化节、农产品采摘等农事体验活动来提升地方农特产品的知名度和影响力。综上,农村发展电子商务不能追求快又全,必须不断优化产品质量,做大做强地域品牌。

(4)营造电商氛围,创新发展模式

无论是顶层规划指引,还是通信、物流等一系列基础设施建设,这些都只是发展农村电商的硬件,而农民观念意识的转变才是让农村电子商务顺利发展的稳定器。一直以来,仍有不少农村居民观念陈旧落后,难以接受新型的消费模式,对网上买卖农产品持有怀疑态度,还有大部分村民对农村电商发展模式理解简单,认为就是在网上买卖东西。因此,发展农村电商在定位上要注重引导农民转变观念,营造电商发展的良好氛围。政府要通过报纸、广播、宣传标语等媒介在农村地区大力宣传和普及电子商务知识和理念,提高农村居民对电子商务的认知度;组织专业团队走进农村进行公开课宣讲,对村干部、种植大户与农民专业合作社的相关人员进行农产品销售技能与电子商务方面的专业培训;要大力宣传农村电子商务发展的成功案例,发挥榜样作用,提高农业参与主体在电子商务中的积极性;适时开展相关的电子商务活动,让农民切身参与到电子商务中来,感受电子商务给农民增收、农村发展带来的益处,增加农民对电子商务的认可。

此外,必须认识到,电商模式不等同于销售模式。事实上,农村电商的运作是在社会化服务的基础上,将加工、销售、仓储、流通等生产要素整合起来,形成完整产业链的过程。由于电子商务的特殊性,农村电子商务的发展形式多样,运营模式灵活,创业典型丰富,而且不同地区发展电子商务的模式也并不唯一。目前,我国农村电商发展成功的模式有浙江遂昌模式、睢宁沙集模式、吉林通榆模式、陇南成县模式、陕西武功模式等,这些模式都独具特色,都根据地方特色及优势产业,形成了完整的产业链。因此,农村发展电子商务不可一味地模仿,只有真正吃透电商发展模式,在总结成功地区经验的基础之上,去套路化、去山寨化,才能发挥地方独特优势,形成独有的价值链,创新发展出适合自己的电商发展模式,拓展电商新业务。政府应该加大电商扶持力度,加快农村电商线下线上的同步发展,充分整合各种生产要素,创新建立完善的综合服务体系,激活企业、行业、电子商务平台之间的相互作用,增强农村电子商务产业发展的内部驱动力。同时还要带动农民发挥自己的主观能动性,积极面对市场,创新创业,大胆探索和试错,借助互联网快速寻找适合自己的电商发展路径。在农村整体电商发展氛围浓烈的情况下,地方才能通过一系列政策引导规划出适合当地实际的农村电商模式,增强农村电子商务规模化效应,带动农村经济发展、农民增收,解决农民就业等问题,实现乡村振兴。

(5) 围绕精准扶贫,助力脱贫攻坚

2014 年底,国务院扶贫办首次明确提出把"电商扶贫工程"列为精准扶贫十大工程之一,要求"在贫困村开展电子商务扶贫试点,发挥市场化电子商务渠道的作用,促进贫困地区农产品销售和农民增收"。2015 年出台的《中共中央 国务院关于打赢脱贫攻坚战的决定》明确指出"实施电商扶贫工程",并将电商扶贫列为十大精准扶贫工程之一。我国的扶贫工作,从"救济式扶贫"到"开发式扶贫",从"区域性瞄准"到瞄准贫困县、贫困村,再到精准到户、精准到人的精准扶贫,农村电商扶贫在其中发挥着越来越重要的作用,它正在深刻变革着农民的生产生活方式,帮助贫困户的产品能够适销对路,更好更快地走出乡村,为扶贫和乡村振兴做出了显著的贡献。根据国家统计局发布的数据,按现行国家农村贫困标准测算,2019 年全国共实现 1 109 万农村贫困人口脱贫,344 个国家扶贫工作重点县(即"国定贫困县")脱贫摘帽,贫困发生率降至 0.6%,比上年下降 1.1 个百分点。党的十九大报告中提出,"确保到 2020 年我国现行标准下农村贫困人口实现脱贫,贫困县全部摘帽,解决区域性整体贫困,做到脱真贫、真脱贫"。因此,为了完成这一目标,农村电商也必然要围绕精准扶贫工作展开新的定位,持续发力,助力脱贫攻坚,推动实现乡村振兴。

4.2 后示范时代农村电商模式研究

农村电商发展要取得突破,关键在于模式创新。制约农村电商发展的因素很多,如农产品上行难,农产品品牌建设滞后,农村电商人才培训欠缺等,其根本仍是农村电商模式问题。目前,对于农村电子商务的发展模式,已有不少成功的案例,例如沙集模式、遂昌模式、通榆模式和成县模式。笔者针对这四种模式的形成、核心要素、优缺点进行了分析,为农村电子商务的模式创新提供参考。

1) 沙集模式

(1) 模式形成及介绍

沙集模式是指,农户自发地使用电商交易平台变为网商,直接对接市场,然后细胞裂变式复制扩张,带动制造业及其他配套产业发展,形成以公司为主体的新商业生态,这个新生态进一步促进农户网商及农户本身的创新和发展,即草根网商自发长成,从无到有催生了当地服务商及相关产业链的形成。沙集模式是在"沙集现象"的基础上提出来的,根据阿里研究院和中国社会科学院信息化研究中心的定义,"沙集现象,特指沙集镇农民网商自发式产生、裂变式成长、包容性发展的现象"。沙集镇位于苏北徐州市睢宁县,没有生态资源优势,缺乏特色产业,"户户种小麦、路北磨面粉、联合烧砖瓦、全乡收破烂"。10多年前,这首顺口溜在该地广为流传。传统的农业种植、养殖、废旧塑料回收加工成为当时地方的主导产业,高峰时,全镇塑料再生相关企业有1 200多家,近2万人从事废旧塑料加工。在认识到低端产业不可持续,开始转型之后,才发展到如今开网店从事简易拼装家具的加工及网络销售。而沙集的网商发展就像上述所提到的一样,经历了自发式产生、裂变式成长、包容性发展三个阶段。

自发式产生阶段,2006年,东风村的三个年轻人孙寒、陈雷、夏凯返乡在淘宝上开起了第一家网店,从事简易拼装家具的加工及网络销售,搭起了网销家具的简易生产链。这一阶段的网商是自下而上产生的,区别于政府主导的自上而下的推广,由农户自己认清市场、寻找商机,借助市场上的电子商务平台,由农民转变为网商。裂变式成长阶段,2007—2009年,凭借着沙集镇东风村历来的经商传统,全镇大量村民自发地简单模仿、快速复制网商模式,带动了整个家居产业的裂变式发展,开启了东风村网销家居时代。包容性发展阶段,2009—2012年,由于专家学者的频繁调研和当地政府的重视,当地电子商务快速成长,为当地男女老少都带来了平等的就业机会,家家户户开网店、卖家具,享受数字经济带来的机会与便利,与此同时也带动了板材生产加工、五金配件、物流、快递等相关产业的发展。

在这之后,东风村的电子商务产业不断升级,从开始的"前店后厂"产销模式,到后来的入驻园区规范化生产,再到后来的品牌打造、注重质量创新,每一次升级都带来了电商产业的一次飞跃,现在沙集已成为当之无愧的"中国淘宝镇"。2018年,睢宁县电商交易额达286.9亿元,其中电商家具交易额占85%以上。截至2020年初,沙集镇已有1.62万个家具电商,1 300多个实体企业,136家物流网店公司。

(2) 核心要素

沙集模式是通过网络销售拉动生产,信息化带动产业化,产业化又促进信息化。其核心是"农户+网络+公司",以农户为主体,自发地发挥主导作用。这里的农户区别于传统意义上的农民,不再是依附于公司、依靠别人提供信息的弱势生产者,而是与市场直接对接,主动掌握信息,自主经营、按需生产的市场主体。这里的网络,区别于由政府主导搭建的信息平台,而是市场化、信息化的电子商务交易平台,更是一种商业模式,是农村产业化的推动力。这里的公司,不是凌驾于农户之上,控制农户生产,与农户争利的传统公司,更多的是由农户发展而来的公司,由此为基础吸引其他市场要素跟进,克服了家庭农场的缺陷,形成了一个为农户网商服务的共生共赢的新生态。

沙集模式的核心要素之间存在三种逻辑关系。首先是农户和网络,农户自发地应用电子商务网络平台,这是一种草根的、自下而上的应用,而非由政府主导的自上而下的电商推广模式;其次是网络和公司,沙集模式的路径特征,是电子商务带动了加工制造进而带动了产业化,而非常见的产业化带动信息化的发展方式;最后是公司和农户,沙集模式中两者的关系区别于以往公司控制农户的不平等关系,而是以公司为基础的市场化的新生态服务,促进农户网商进一步发展。

(3) 优缺点分析

由于简易拼装家具技术含量低、资金需求少、产业资源整合易,技术壁垒和资金壁垒都比较低,所以沙集模式门槛低、收益快、可复制性强,且农民积极性高;同时,与传统的招商引资拉动地方经济相比,这种模式性价比更高,且扎根于本土,生命力更强;它在"公司+农户"的基础上加进了"网络"这一要素,农户直接对接市场，减轻了以往农民信息不对称的问题，并且无须第三方中介，供需双方可以从根本上解决信息不对称的问题；农户自发地、自下而上利用网络积累双重社会资本；而且由于规模优势，陆续有外地人到沙集镇开设家具工厂，也容易促进木材供应商、加工厂、网店、物流、包装等产业分工的模块化。

不过，也正是因为门槛低、可复制性强，同质化竞争和低价恶性竞争也不在少数。而且，东风村本来并无家具产业，缺乏相应的产业基础，家具生产所需的板材、木料等需要从外地采购，增加了生产成本。因此，当地的电商要想获得长足发展，就要注重创新，提升运营效率并进行成本控制，以保证能够长久地维持电商发展的内在动力。

2）遂昌模式

（1）模式形成及介绍

遂昌模式是指，以本地化电子商务综合服务商作为驱动，带动县域电子商务发展，推动地方传统产业，尤其是农业及农产品加工业实现电商化，在政策环境的催化下，形成信息时代的县域经济发展之路。位于浙江省丽水市的遂昌县，是典型的山地县，工业化程度低，优越的生态环境造就了遂昌优质的农特产品。借助互联网销售当地特色农产品，促进了当地传统产业的发展。遂昌模式的发展大体经历了萌芽期、发展期和成熟期三个阶段。

第一阶段从2005年开始，那时遂昌就开始出现网商自发地做淘宝，销售当地的土特产，主要经营竹炭、烤薯、山茶油、菊米等农特产品，有生产加实体销售结合网上销售的，也有专门从事网上销售的，标志着遂昌电商的发展进入萌芽期。第二阶段从2010年开始，由遂昌团县委、县工商局、县经贸局、碧岩竹炭、维康竹炭、纵横遂昌网等多家机构共同成立了遂昌网店协会。浙江遂网电子商务有限公司和浙江赶街电子商务有限公司是该协会的重要组成部分。协会采取了一系列的措施帮扶网商成长，当地网商的集群发展和传统产业的电商化起到了关键的作用；同时大力建设农村电子商务公共服务平台，为农民提供双向服务，有效地解决了农民与市场的对接问题。在遂昌农特产品网销的带动下，当地大批年轻人也投身电子商务，使得当地电商业态更丰富，逐渐形成了比较完备的电子商务生态体系，此阶段的遂昌电商处于快速发展期。第三阶段从2013年开始，"遂昌馆"作为淘宝"特色中国"的第一个县级馆正式上线，汇集了烤薯、竹炭花生等遂昌本土美食，以及遂昌景点门票等旅游产品，大大提升了遂昌电商的知名度。2013年，遂昌被省政府授予"浙江省电子商务示范县(市、区)"的称号,进入了模式稳定的成熟期。

此后,遂昌模式不断升级,坚持"绿水青山就是金山银山"的发展理念,充分发挥其生态优势,把资源变成现实生产力,探索出了农村电商、乡村旅游、健康农业等一系列模式。

(2) 核心要素

遂昌模式是服务驱动型的农村电商发展模式,其核心为"电子商务综合服务商+网商+传统产业"。其中,模式的核心是本地化的电子商务综合服务商。这里的电子商务综合服务商主要指的是"协会+公司"性质的遂昌网店协会,它通过整合供应商、网商、物流服务商、政府等多方资源为遂昌提供电子商务综合服务。遂昌网店协会积极地推动着政府解决网商的各种问题;成立了麦特龙分销平台整合供应商资源和可售货源,它们为网商提供专业的培训,统一整合上游货源并拟定采购标准,有专业团队统一运营管理,线下则按照统一包装、统一配送、统一服务等标准化操作执行。网商是遂昌模式发展的基础,通过集聚发展,营造农村电子商务生态。传统产业是遂昌模式的动力,遂昌电子商务的交易物以农产品为主,属于典型的农产品电子商务,当地优质的农产品是其发展电子商务的根本支撑。除此之外,遂昌模式的形成还有政策环境的催化作用,遂昌政府从基础设施建设和政策支持两个方面优化电子商务发展环境。一方面,对交通、宽带、产业园等基础设施予以完善;另一方面出台"全民创业支持计划"及配套政策激励网商的发展,营造了遂昌模式发展的良性空间。

(3) 优缺点分析

由于地理位置、交通条件等因素的限制,遂昌县农产品的实体销售受到了制约,而遂昌因其独特的生态优势,具有优质的农业基础,遂昌模式则极大地推动了传统农业的电商化进程。遂昌网店协会的发展,实现了网店经营的集聚发展,降低了开网店的门槛;同时,将原本分散、个体种植及零星销售农产品的模式转变成由专业合作社组织种植,网店协会包装,再进行网销的模式,拓宽了农产品销售渠道,提高了农业专业合作化的程度。遂昌网店协会设立的麦特龙分销平台解决了农产品供应商无法网销农产品的问题,同时也解决了网商的货源难题,带动本地农村电商快速崛起。

遂昌模式以网店协会作为中介,连接农户与市场,这导致模式的发展重度依赖于电子商务综合服务商,一旦出了问题,整个链条就可能出错;而且遂昌模式的中间流通环节过多,容易造成信息不对称。因此,如何让农户适应市场,摆脱市场困境,是遂昌在未来要面临的课题。

3) 通榆模式

(1) 模式形成及介绍

通榆模式是指,通过电子商务平台将通榆县优势农副产品以统一品牌面向全国销售的原产地直供模式。位于北纬45°的通榆县,是世界公认的优质农产品黄金产业带,具有生态农业资源优势。通榆的水土呈弱碱性,出产的绿豆、葵花、谷子、荞麦等杂粮杂豆品质优良、营养丰富,通榆素有"葵花之乡""绿豆之乡"的美誉,除此之外,还出产打瓜、牛羊肉等优质农产品。

由于地理位置、交通物流等因素的限制,农产品商品化程度不高,且传统的批发和零售带来的销量也不高。为了破解农产品销售困局,2013年,在当地政府的支持和推动下,通榆县组建了"通榆农产品电子商务发展中心",推出了"三千禾"品牌,并入驻了天猫旗舰店。通过实行统一的采购、品牌、包装、标准、运营、配送和售后,将通榆农产品品牌化网络销售;与天猫、1号店等签订原产地直销战略合作协议,实施"原产地直销"方案。通榆模式的发展,带动了通榆县本土加工企业、农村合作社、种养殖大户的发展,促进了传统加工向电商服务企业的转型,推动了县域经济的发展,得到了业界的高度认可,成为"2015年全国电子商务进农村综合示范县"以及阿里巴巴"千县万村"农村淘宝的第三个示范试点县。

(2) 核心要素

通榆模式是采取政府授权,第三方电子商务公司运营,其核心可以概括为"政府背书＋基地化种植＋科技支撑＋营销创新"。政府参与是通榆模式最显著的特点,为了让农产品供应方与第三方运营商无缝对接,需要政府出面信用背书。在发展之初,通榆政府就高度认同并重视电子商务的发展,全力配合第三方电商运营公司的工作,还成立了专项基金,出台了一系列政策扶持电商的发展。在开发本地农产品时,通榆县自我定位为北纬45°的弱碱粮仓,高度整合原产地资源,引导运营公司与当地农村合作社合作,再由合作社影响农民,进行品质把控、规模销售、统一服务,形成全产业链一体化的运作模式。同时,与农科院建立合作关系,成立通榆优良品种试验站,借助专家、研究机构的力量,调整农产品种植结构,进行品种、品类的优化,为通榆模式的发展注入科技力量。最后一个核心要素在于通榆模式将农产品品牌化进行网络销售,不断进行营销创新。深度挖掘本地产品的特色、亮点,将通榆良好的环境资源概念与产品质量挂钩,突出"北纬45°弱碱粮仓""杂粮主食化倡导者""原产地、原生态、原汁原味"等标签,通过营销活动打响通榆品牌,并请书记、县长做代言人,以政府公信力提高农产品信誉。

(3) 优缺点分析

通榆模式的优点在于第三方电子商务运营公司通过专业化和品牌化的运作保证了农产品的运营,赢得了消费者的信任,从而保证电商产业链的关键环节能产生最大的效益。而通榆县天然的地理位置优势,大大增加了品牌附加值,同时,电商的集约化运营也产生了规模效应,提升了品牌化运作的效率。

缺点在于,农产品实行品牌化需要一定的基础条件,最基础的条件是需要有一定规模化和集约化的耕地,而大多数农产品并不具备这些条件,所以通榆模式难以复制;再加上品牌运作需要大量的资金投入,当资金无法支撑扩大再生产时,就会造成停产停工,风险较高;同时,通榆模式重度依赖于第三方电子商务运营公司,一旦出了问题,整个链条都会出错。

4) 成县模式

(1) 模式形成及介绍

成县模式是依托政府开展微营销打造畅销款的一种农村电商发展模式,走的是资源整合之路。位于甘肃陇南山区的成县,虽位置偏远,但物产丰富,盛产核桃、樱桃、蘑菇等特色农产品,被誉为"中国核桃之乡"。

成县模式形成的初始阶段,始于其县委书记李祥在网上叫卖家乡的鲜核桃,而被称为"核桃书记",政府做信用背书,使成县形成了地方品牌的口碑。从2013年开始,在"核桃书记"的带动下,党政干部、大学生村官等都开始通过微博、微信等社会化媒体进行社交网络服务(SNS)营销,集中推广成县的核桃。在核桃产品热销热卖打响知名度之后,成县又相继推出如樱桃、紫皮大蒜、土蜂蜜、土鸡蛋、金银花、香菇等系列土特产品。在政府的支持和推动下,成县成立了成县电子商务协会,县委书记当顾问,持续推动;并筹建电子商务产业园和农产品交易中心,全面解决产品供应、配送、培训等关键问题。2014年开始,成县开始自建平台和利用平台,成县电子商务协会自建了"陇南美"微信公众号及"陇南美"网站;同时开展了多层次电子商务人才培训,对他们进行专业化的微营销培训,并于2014年8月

8日正式上线"特色中国-陇南馆"。从2015年开始,成县模式进入成型期,各种基础设施基本到位,农村电商的生态体系建设完成,全县17个乡镇都有自己的特色产品,形成了各种土特产品百花齐放的局面。

(2) 核心要素

成县模式可以概括为"农户+网商",模式本身不复杂,但其成功的核心在于政府营销、微营销和畅销款的打造。首先,成县模式的成功在于政府强有力的引领,模式的特点之一就是政府营销。县委书记李祥,通过实名注册认证新浪微博,叫卖成县鲜核桃,瞬间带动转发,使得成县核桃的热度在网上迅速扩散,引起各类媒体报道。在这场营销当中,政府的公信力增强了消费者对农产品品质和安全的信任,为农产品的网销打下了基础。特点之二是利用新媒体开展微营销,扩大产品的影响力。全县的行政机关和党员干部都开通了微博以及政务微信,通过微博、微信等媒体多角度、多层次、全方位的宣传,使得成县特色农产品知名度越来越高,微营销让成县的电商发展搭上了顺风车。特点之三是畅销款的打造,成县模式选择了一款优质的农产品即核桃,集中资源全力打造推广,由点到面,在单品取得突破后再拉动其余多种产品的畅销。

(3) 优缺点分析

成县模式由政府领导出面"代言"做营销,引起了大众的兴趣,既产生了新闻效应,又起到了背书效果,成效显著。而且SNS营销成本低,简单易行,在有限的资源下,集中打造爆款,带动其他农产品的销量,促进了小网商的规模化发展。

缺点是,受限于小网商的资源和能力,后续竞争力不足,可能会出现批量倒闭。因此,成县模式未来应该关注电子商务生态系统的建设和完善,出台有力的政策,引导鼓励小网商的品牌化、集群化发展。

5) 经验总结及建议

(1) 对比分析

① 不同之处

通过上述对四种典型模式的介绍和分析可以看出,沙集模式是草根自发的细胞裂变之路;遂昌模式以本地化电子商务综合服务商为驱动,走平台化道路;通榆模式通过农产品规模化、标准化,走品牌化道路;成县模式是通过整合资源,走微营销之路。在分析其模式布局及基本特征的基础上,可以看出:通榆模式和成县模式是一种自上而下的电商发展模式,主要依靠政府主导和官办平台等,自上而下地发展。而沙集模式和遂昌模式是自下而上的发展模式,主要通过市场驱动、市场主体自主利用电商平台,自下而上地发展。

② 相同之处

首先,四地发展电子商务都拥有宽松的创业环境,政府没有过多地干预,甚至还给予政策上的支持,使得当地电子商务的发展事半功倍;其次,四种模式里都存在自发的带头人、龙头企业或是政府,发挥示范作用,带动当地电子商务的发展;最后,四种模式中选择电商发展的产业普遍进入壁垒低,且都选择了本身擅长生产或容易从市场上购得原材料的产品,技术含量低,适合当地居民模仿复制。

(2) 发展建议

① 政府要加强引导及政策支持

通过分析上述四种典型的农村电商模式可以发现,政府的支持是农村电商成功发展的一个重要的外部条件。农村电子商务是一个系统工程,涉及基础设施建设以及财政等各项政策的落实,而当前农村电子商务体系和运营机制尚不成熟,不论是哪种发展方式,都需要政府加强引导、宣传以及规范,才能扩大农村电商的影响力。

首先,政府推动农村电商的发展,必须做好顶层设计,优化制度环境。政策要精准,着力解决目前农村电子商务的发展瓶颈问题。扶持基础薄弱或刚起步的农村电商企业或网店,提供政策上的绿色通道,比如将生产相同农产品的个体农户汇集起来,通过资金扶持,建立厂房并帮助其取得食品安全认证,进而实现网上销售。同时,政府应通过产业政策,在金融信贷、土地厂房等方面支持农村电商的发展,放宽对农户的贷款,防止农户后续资金链无法跟上;优化农村交通、电信等基础设施的建设,扶持本地物流业的发展,着力降低物流成本。

其次,政府要加大宣传力度,努力营造电子商务发展的良好氛围。在对内宣传上,政府应通过举办电子商务培训班、宣传普及电商知识等方式,引导广大农民转变对网络销售的偏见,让农户全面理解电子商务并掌握网上买卖的基本技能,并培养出一批电子商务带头人,带动本地区农村电商的发展,将创新文化融入电商发展之中,使其成为电商发展的强大推动力。在对外宣传方面,政府应整合现有资源,根据当地特色进行推广宣传,挖掘产品核心内涵,提升产品的吸引力,尤其是在当地电商企业及线上销售的产品知名度和影响力较低的情况下,政府的宣传就是其电子商务发展重要的信用背书。

最后，政府应尽快立法，加强监管。电子商务的交易过程涉及众多环节，商户、银行、消费者等任何一个环节出错都可能引发经济纠纷。因此，政府应尽快立法，以法律法规的形式，维护电子商务的交易秩序。加强规范监管，协调好电子商务模式中农户（网商）、市场、平台以及协会等多元主体之间的关系，完善电子商务交易规则，明确电子商务交易中各环节、各主体的责任和义务，明确消费者解决交易纠纷的主要途径，从而使得农村电子商务能够健康地运行和发展。

② 借助地域特色打造农村电商品牌

总结成功的农村电商发展模式，大多是走具有地域特色的差异化的道路。由于每个地域的经纬度、温度湿度、光照时长、土壤结构等天然条件的不同，不同地域会生长出不同的具有明显地域特色的农产品，也会产生不同的产业基础。所以成功的农村电商发展模式往往是因地制宜，依托地区自然资源禀赋，结合优势产业，大力发展特色电商，形成各自差异化的竞争优势。比如遂昌模式和通榆模式就是从当地优质的农特产品出发，形成了符合自身发展的电子商务模式。

首先，地方政府及相关企业要结合区域特色和产品特色，制定正确的发展农村电子商务的定位和发展策略，挖掘优质农产品的特色卖点，进行专业化的品牌化包装，形成产品的特色经营；同时，针对不同区域不同的消费群体制订不同的营销方案，打造区域口碑。

其次，农村发展电子商务的根本目的是帮助农民增收，而农产品品牌化运作是实现这一目的的重要途径之一。因此，要着力打造农村电商品牌，培育一批特色农产品品牌，以"一村一品"为切入点，构建农村品牌。在资源有限的情况下，也可以集中优势资源从单品突破，进而带动其他产品的共同发展。加强农产品商标注册、专利申请和知识产权保护，发挥地标优势，以产品品牌带动县域品牌推广、以单个品牌带动多个品牌发展，形成集聚发展的效应。

最后，提高产品品质也是打造农村电商品牌的重要一环。发展农村电商要不断强化网销农产品的质量监管，建立和健全农产品质量标准体系、特色农产品质量标准体系，以及农产品溯源体系。积极培育电商农产品生产基地、优质农产品生产基地，引领规模化种植和标准化生产，不断促进高质量、个性化的农村电子商务发展模式的构成。

③ 完善农村电子商务平台建设

通过分析成功的农村电子商务发展模式可以发现，平台是农村电子商务发展的重要载体。随着信息技术和互联网技术的深入应用,网上的功能不断地完善和加强,农民对于农村电子商务平台也有了更加多元化的需求。因此,农村电子商务发展模式的构建,应当考虑建设并完善电子商务平台,向农民提供相关的农业信息等,并优化服务。

首先,在整个平台服务体系中,电子商务服务平台是核心。平台应嫁接各种服务于农村的资源,包含农产品市场行情和动态、产品信息发布、投资招商等内容,破除信息壁垒,全力打造为农民生产生活服务的公开、透明、交互、共享的综合平台,使农民成为平台的最大受益者。同时,也可以通过农村电子商务平台来宣传、介绍地区的特色产业、名优企业以及特色产品等,扩大产品销售通路,加快地区特色经济的发展。

其次,农村电子商务平台需要明确发展定位,按照地方的区域特征、农村特色经济,以及农产品生产销售的现实需要,建设更具特色的综合性与专业性的农村电子商务平台。同时,吸引知名电商企业入驻,并支持电商企业利用自身的平台优势和知名度建设农村电子商务服务站点和农产品流通公共服务平台,加快推进农村电商平台资源的有效整合。

最后,要坚持政府性平台与企业性平台并重,优先培育和发展企业性平台,用各种激励政策和机制支持企业电子商务平台的建设和发展,支持大中型电子商务平台在农村电子商务发展和模式建设中发挥主体作用。同时,各地政府需采取法律、政策等手段与措施,保障平台能安全、稳定、长久地运行下去,以完善、系统的现代化电子商务平台体系,推动形成多元化的农村电子商务发展模式。

④ 培养专业型人才

专业型人才的数量与质量一定程度上决定了产业发展现状,是农村电子商务发展的重要影响因素之一。因此,要关注农村电商的教育孵化,培养专业型人才,发挥各自优势,助力农村电子商务模式的构建。

首先,政府要制定相应的激励政策,鼓励从事电子商务方面的人员下基层给农民培训;将电子商务纳入农民实用技术常态化培训内容,建设电商创业孵化基地,鼓励农业主体、返乡青年等开展电商创业;聘请具有实践经验的企业家和电商专家开展电商培训,组织农民参加各种类型、不同层次的培训,使广大农村地区从业人员基本掌握电商知识以及实操技能,营造良好的电子商务发展氛围;将农村电商的人才需求纳入已有的人才政策体系中,搭建人才供需交流平台,通过各类扶持政策,为农村和企业引进电商人才。

其次,要注重整合优化社会资源进行人才建设,支持大专、高校等调整电商专业课程设置,鼓励其与电子商务企业或园区建立合作关系,共建实习和培训基地,鼓励在校大学生网络创业,有针对性地培养实践性人才;建设创新创业园,完善基础设施和公共服务,广泛吸引专业型、创新型人才加入,开展电子商务人才培养机制,培育一批既懂技术又富有管理能力的电商实用创新型人才。

最后,在农村电商发展模式构建中引入专业型人才,充分发挥人才在推进农村电子商务发展、推动农村电子商务创新发展模式构建中的引领作用。

(3) 总结

每种电子商务模式在其商业形态以及适用条件上都各具特色,不会适用于所有地区。不同农村在自然资源禀赋、经济发展状况、产业结构、电子商务基础设施等方面的发展状况都不一样。因此,在构建电子商务模式时,要因地制宜,可以学习借鉴,但不能生搬硬套。为了实现农村电子商务的可持续发展,其发展模式必须立足于当地,根据当地的实际状况和产品特点进行合理选择。充分发挥政府的作用,加强引导及政策支持,完善农村电子商务平台建设,借助地域特色加快打造农村电商品牌,并不断培养和引进专业的电商人才,在实践中进行模式的调整、优化和升级,不断地探索更符合当地情况的发展模式。

三、角色篇

5 贫困地区农户参与意愿调查分析

随着扶贫开发工作的程度逐渐加深,扶贫难度也逐渐增加,就当前复杂的贫困条件来说,传统的扶贫方式已无法应对。2015年8月,国务院扶贫办公室明确提出将电子商务作为扶贫开发模式中的一项重要的工具,提出将农村贫困地区特色农产品进行网络销售途径培育,做到农产品上行。2016年,国家又在中央一号文件中将电子商务纳入精准扶贫计划。因此,在当前精准扶贫的战略背景下,在"互联网+"的发展趋势下,电商扶贫已成为推动我国精准扶贫战略实施、提升扶贫开发工作成效的一个新的方式。

但是实地调查表明,当前我国贫困地区农产品电子商务销售占比与西方国家相比仍然有较大的差距,农户参与电子商务的积极性并不是很高,农产品传统渠道销售占有很大比例。一般而言,农产品电子商务销售相对于传统渠道有着绝对的成本和渠道优势,那么,在贫困地区推行电子商务的过程中,为什么有部分农户不愿意参与电子商务扶贫?贫困农户电子商务参与行为的影响因素主要有哪些方面?这些都是推行电子商务扶贫中的关键问题。学术界已经从不同角度去研究贫困地区农户电子商务参与行为,发现产品特征、农户的收入、政策支持、电商培训等都是影响农户参与电子商务的主要因素。但是现有的研究文献主要都是从外部因素进行研究,对于农户内在因素的影响鲜有考虑,对于不同农户收入结构影响电子商务参与度的视角更是缺乏有效的思考。事实上,深入考虑内部心理因素等对农户电子商务参与的作用机理,有利于厘清农户参与电子商务的内在逻辑关系,加深对电子商务扶贫的认识。

因此,本文以云南、贵州和甘肃省农业贫困县为例,对农户电子商务参与行为进行理论和实证研究,以期为完善电子商务扶贫政策,提高农户电子商务参与积极性提供理论与实践依据。本文与以往研究相比,引入计划行为理论,将农户行为态度、主观规范、感知行为控制等因素纳入统一研究框架,并以农户收入中非农业收入构成为调节变量进行多群组分析,挖掘贫困地区农户参与电子商务内在的行为机理。

5.1 理论基础和研究假设

1) 理论分析

计划行为理论(Theory of Planned Behavior,TPB)是由 Icek Ajzen 提出的,理论认为,人的行为是经过深思熟虑的计划的结果。Ajzen 认为,行为意向直接决定行为,所有可能影响行为的因素都是通过行为意向间接影响行为,而行为意向受三个相关因素影响:其一源自个人本身的"态度",即个人对该行为所持的正面或负面的感觉;其二源于外在的"主观规范",即个人对于是否采取某项特定行为所感受到的社会压力,尤其是来自对个人重要或极具影响力的人的压力;其三是源于"知觉行为控制",即反映个人过去的经验和预期的阻碍。

基于计划行为理论和相关的研究文献,本章从以下几个方面研究农户参与电子商务的行为意愿以及相关影响因素:①行为态度。个人对于某项行为的态度越正向,则个人的行为意向越强,用户持有正面感觉时,会引发积极的使用意愿。如果农户感觉到电子商务扶贫能够有效地提升其收入,那么对农产品电子商务参与的积极性就会更高,更愿意参与其中。②主观规范。主观规范是指个人对于是否采取某项特定行为所感知到的社会压力,尤其是来自对个人具有影响力的人或团体的压力,如周围有影响力的朋友、家人、地方政府等。当这些人建议自己使用电子商务时,则会增加自己对电子商务的使用意愿。农户周围有影响力的人将了解与使用电子商务的相关信息传递出来时,会增加农户了解或使用的意愿。③感知行为控制。感知行为控制是指农户对电子商务使用难易程度的感知,是对促进或阻碍电子商务执行效果的相关因素可控程度的感知。感知行为控制对采纳电子商务意愿具有加强的作用。

2) 研究假设

基于理论探讨和分析,本章提出如下几个研究假设:H1:农户电商态度与其电商参与意向正相关,电子商务态度积极,选择电子商务渠道的意向越强烈;H2:主观规范对参与意向有正向影响;H3:感知行为控制对参与意向有正向影响;H4:主观规范与行为态度有正向影响;H5:感知行为控制对行为态度有正向影响。构建以主观规范、感知行为控制为自变量、行为态度为中介变量以及收入结构为调节变量的概念模型,如图5-1所示。

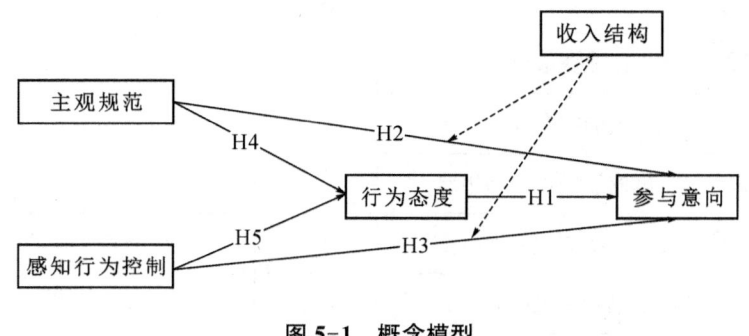

图 5-1 概念模型

5.2 研究设计与描述性统计

本章研究所使用的量表主要来自国内外文献中运用成熟的量表,并基于现实运用背景进行了修改,以保证量表的有效性。首先,对外文文献中的量表采用双向翻译法进行翻译,以保证量表内容的准确性。其次,在量表设计初期,请3位电子商务方面的专家和5位有丰富基层实践经验的管理者对问卷进行检查,根据反馈意见,对量表的语句和内容进行了修改,最终形成初步量表。最后,选择扶贫地区60位农民进行了预调研,对小规模样本进行了因子分析和信度检验,删除了2个问项,形成了最终调研量表。

课题组于2018年7月对云南、贵州和甘肃等电商扶贫重点地区进行问卷调查。共发放问卷400份,筛选和剔除信息不全样本后,有效回收312份。

5.3 实证分析

1) 测量模型

首先从信度和效度两个方面对本文模型进行检验,信度通过变量的组合信度(CR)和克龙巴赫系数(Cronbach's α)来验证。如表5-1所示,本文模型CR值都在0.90以上,Cronbach's α 值都在0.82以上。一般而言,当两者数值均在0.7以上,说明模型具有较好的稳定性,因此可以判断本文模型的信度良好。

表 5-1 数据信度和效度检验结果

潜在变量	测量题项	因子载荷	Cronbach's α	CR	AVE
行为态度	认为参加电商能获取更多信息	0.883	0.867	0.918	0.789
	认为参加电商能提高销售收入	0.970			
	认为参加电商能增加产品销路	0.896			
主观规范	亲朋好友认为我应该参加电商	0.894	0.877	0.980	0.943
	当地政府鼓励我参加电商	0.924			
	当地有电商方面的宣传	0.907			
感知行为控制	家中有人对网上交易流程很了解	0.920	0.823	0.924	0.902
	家中有人有时间处理网上交易	0.943			
	家中有人了解电商政策法规	0.963			
	家中有人对电商风险很了解	0.854			
参与意向	愿意积极学习农村电商技术	0.832	0.862	0.947	0.899
	愿意通过电商渠道销售产品	0.863			
	愿意推荐亲朋好友参与电商	0.857			
	积极主动参与政府电商培训	0.882			

效度要从内容效度、区分效度和收敛效度三个方面进行检验。因为此次问卷调查中所有变量均改编自现有文献，所以认为本章测量模型的内容效度良好。表5-1中的平均提取方差值（AVE）均大于0.70。一般来说，AVE大于0.5说明模型具有良好的收敛效度，因此可看出，本章测量模型的收敛效度理想。区分效度通过比较潜在变量的相关系数以及AVE的平方根来判断，当潜在变量AVE的平方根大于其与其他变量之间的相关系数时，说明该模型的区分效度理想。从表5-2来看，可以认为本章测量模型的区分效度较好。

表 5-2　测量模型的区分效度

潜在变量	行为态度	主观规范	感知行为控制	参与意向
行为态度	0.899	—	—	—
主观规范	0.560	0.971	—	—
感知行为控制	0.674	0.855	0.948	—
参与意向	0.509	0.495	0.508	0.931

2) 结构模型分析

(1) 总体系数拟合结果:本文采用 SmartPLS 3.0 来构建和测量结构方程,并验证研究假设。应用调查的样本数据进行拟合,运用 Bootstrap 算法 ($N=1\,000$) 对结构模型的路径系数拟合值进行显著性检验,图 5-2 给出了拟合后模型的路径系数和 R^2 值,模型的解释力是通过复相关平方 R^2 值来进行检验,它表示对观察变量方差的解释程度。PLS 对模型的拟合结果表明,主观规范、感知行为控制、行为态度与参与意向之间的路径系数分别为 $0.104(p>0.05)$,$0.022(p>0.05)$,$0.776(p<0.001)$,$R^2=0.540$(大于解释总变异量的 33%,具有较好的解释力),其中主观规范和感知行为控制作用不显著,只有行为态度发挥了直接作用,假设 H1 得证,假设 H2、H3 未得到支持。但是从图 5-2 也可以看出,主观规范、感知行为控制与行为态度之间的路径系数分别为 $0.612(p<0.001)$,$0.446(p<0.001)$,$R^2=0.646$(大于解释总变异量的 33%,具有较好的解释力),假设 H4、H5 得到支持。可见主观规范和感知行为控制对参与意向的影响不是直接的,验证了行为态度的中介效应[10],通过其中介作用才能将主观规范和感知行为控制转化为参与意向。

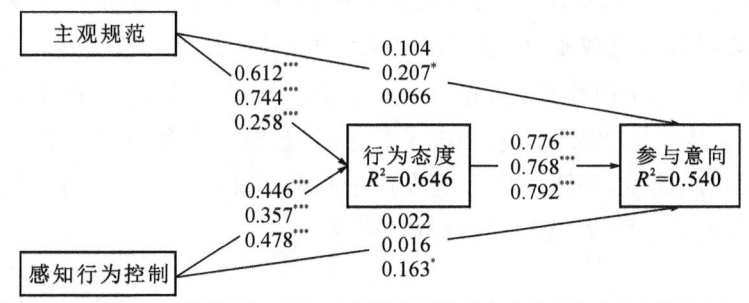

注:顶层路径系数为整体数据($N=312$);中层路径系数为农业收入为主农户样本($N=210$);底层路径系数为非农业收入为主农户样本($N=102$);* 表示 $p<0.05$,** 表示 $p<0.01$,*** 表示 $p<0.001$。

图 5-2　研究模型测量结果

(2) 收入结构调节效应：根据文献以及农户农业收入和非农业收入是否为主对样本进行分组，拟合结果见图 5-2 中层路径和底层路径，发现主观规范和感知行为控制在未分组前都表现为对参与意向作用不显著，差别不大。但是在农业收入为主的样本中，主观规范对参与意向有一定的显著作用，感知行为控制仍然不显著；而在非农业收入为主的样本中，主观规范对参与意向显著性仍然很低，但是感知行为控制有一定的显著性。这说明，不同收入结构对农户参与电子商务的决策作用存在一定的差异。可能的原因在于：农业收入为主的农户，缺乏有效的信息渠道和致富机会，最终参与意向受亲朋好友、政府政策和宣传的影响较大；而非农业收入为主的农户，转而做电子商务意愿更多考虑对流程政策的了解和控制。

5.4　结论及其政策含义

上述研究以云南、贵州和甘肃贫困地区农户为样本，基于计划行为理论构建模型分析贫困地区农户电子商务参与意向的主要影响因素，并借助多群组分析方法研究非农业收入为主和农业收入为主的农户行为方面的差异。研究结果表明，农户行为态度、主观规范、感知行为控制是影响农户电子商务参与的主要因素。以农户农业收入为调节变量进行多群组分析发现，以农业收入为主的农户电子商务参与行为受到主观规范的影响更大，而非农业收入为主的农户参与意向受感知行为控制影响较大。

上述结论具有一些政策含义：一是在电子商务扶贫中，地方政府应该加强对农户的政策引导和有力宣传，从思想观念上认识到电子商务能够有效地联结市场和农户，可以降低渠道成本，使农产品扩大销售范围，拓展外部市场；二是发挥电子商务参与农户的示范作用，创造积极的电子商务舆论，通过一部分人参与电子商务获取收益从而带动周边人参与电子商务；三是电子商务扶贫不能只关注外部条件和基础设施建设，还要关注影响农户参与电子商务的内在因素，干预其心理决策过程，并根据农户收入结构进行分类引导。

6 农业企业电子商务价值创造

6.1 引言

2017年,《中共中央 国务院关于深入推进农业供给侧结构性改革 加快培育农业农村发展新动能的若干意见》明确提出"培育新型农业经营主体"的战略计划后,以多层次农业龙头企业为代表的新型农业经营主体,数量在日益增长,规模在不断扩大,所经营的领域也在不断拓宽,在推动现代农业发展、促进农业供给侧结构性改革等方面发挥了核心作用,已成为现代农业方向牵动实施乡村振兴战略不可忽视的力量。

但是相关研究表明,农业龙头企业普遍存在着销售渠道信息不畅、信息不对称、无法建立农产品产销稳定衔接机制等突出问题,最终反映为农业龙头企业不能快速地预测和感知市场环境的变化,以致无法做出及时的运作调整和有效应对,即缺乏组织敏捷性。电子商务的广泛使用可以为农业龙头企业提供实时准确的数据信息以及各环节的实时管理,成为农业龙头企业组织敏捷性形成流程中的核心要素。电子商务能力既是电子商务资源基础上形成的可持续能力,又是企业与供应链上其他主体之间的网络关系能力的展现。企业在建设完善电子商务系统的基础上,通过电子商务系统的有效使用,影响企业核心业务过程,进而增强企业组织敏捷性。其作用机理建立在此连续过程之上,任何一个环节或过程的传导障碍或者效率低下将导致电子商务对组织敏捷性的作用难以发挥。因此有必要从能力形成过程和作用过程来分析电子商务影响农业龙头企业组织敏捷性的机理,即为实现农业龙头企业组织敏捷性,研究农业龙头企业运营系统中电子商务各相关要素的内在工作方式以及各要素之间、各要素与组织敏捷性之间形成的相互联系与作用路径。本章基于资源基础理论、关系视角理论以及电子商务能力层级理论,针对电子商务能力对农业龙头企业组织敏捷性的作用机理以及如何有效地应用电子商务能力来提升其组织敏捷性进行研究。

6.2 文献综述

1) 电子商务能力

很多电子商务应用相关文献对企业电子商务运用失败的案例进行了大量的研究,发现缺乏创造性地应用和使用电子商务相关资源及互补组织资源的电子商务能力是企业无法应用电子商务技术增强竞争力的根本原因。电子商务管理者可以预见新兴技术的商业智慧和技术技能,并利用它们保持业务流程与组织目标的一致性,帮助企业有效部署电子商务解决方案,处理与业务相关的问题,通过协调管理业务和 IT 管理人员,应对意外的变化。Zhu 等从交易和在线展示的角度定义电子商务能力为供应链企业和客户通过网络处理业务的能力,加快企业对客户需求响应的速度,提高产品和服务的质量。因此参考 Wu 等,仲伟俊等,周驷华等的研究,本文将农业龙头企业电子商务能力划分为三个维度:关系管理能力、技术运用能力、系统基础能力。

2) 信息整合

通过信息整合,企业和企业之间可以有效地分享各个渠道的信息资源,联合制定生产计划以及准确安排有节奏的生产过程,最终有效提高整个供应链对外部变化,尤其是市场变动的反应快捷性。周驷华等认为,信息整合是提高供应链绩效最重要的手段,通过数据连接与数据共享,处于供应链上端的企业可以从下端的企业获取客户画像和销售数据,从而能够精准制定产品计划和生产规模,能够更加精确地制定人力、财力和物力使用配置,减少"牛鞭效应"造成的供应链波动。信息整合能够使企业集成化处理来源于顾客端或者供应商的数据,例如预测、生产、运输等数据,获取不同数据库信息支撑决策,从而支持企业战略和战术方面的及时响应。本章将信息整合概念分为客户信息整合和供应商信息整合。

3) 组织敏捷性

经济全球化以及激烈的市场竞争、顾客不断变化的需求、快速的技术迭代使企业维持其稳定的战略方针变得越来越困难,组织敏捷性作为一种企业核心战略能力逐渐受到产业界和理论界的关注。Sambamuthy等将组织敏捷性定义为：企业能够识别创新的机会和竞争性市场机会,通过资产和知识重组对市场快速反应的能力。Van等认为组织敏捷性是组织能够有效地管理内外部变化,转变企业的商业和商业过程,以期在复杂的环境中迅速响应的能力。本章主要采用Lu等的研究成果,将组织敏捷性分为市场敏捷性和运作敏捷性。市场敏捷性是企业面对瞬息万变的市场,通过资源调整,快速响应客户产品或服务需求的能力,强调企业感知外部环境变化的能力和应对策略。运作敏捷性是企业面对市场环境的变化对企业内部工作流程、组织体系结构进行调整的能力,强调企业内部资源和架构调整。

综上所述,国内外对电子商务能力与企业绩效等关系的研究成果虽然颇多,但是仍然存在以下不足：首先,对电子商务能力的作用机理研究还不够深入,即电子商务能力作为企业拥有的一种动态能力,如何对企业的生产运作产生影响；其次,对于一些中间变量的中介作用没有构建有效模型,对其承担的中介效应没有充分研究,例如哪些中间变量对电子商务能力和组织敏捷性的关系有影响及影响程度大小等。因此,对于电子商务能力、信息整合与组织敏捷性作用机理的研究显得尤为关键和必要。

6.3 理论基础和研究假设

1）理论基础

在研究的早期,资源基础理论提出企业拥有的具有特殊价值、竞争对手难以获得或者模仿以及难以替代的资源被看作企业获得战略优势的来源。企业要形成可持续的竞争优势只能合理利用这些异质性且难以被模仿的资源。根据资源基础理论,电子商务作为企业引进和利用的新技术,对企业的业务流程和价值链进行流程再造所能形成的特有能力将给企业带来长期的竞争优势。随着研究的深入开展,关系视角理论提出,企业所拥有的关键资源能够协助企业与其他企业之间形成网络关系,这种外部网络关系才是企业形成竞争优势的主要来源。根据关系视角理论,在电子商务运用中企业逐渐与供应链上下游企业形成战略层面的伙伴关系,以实现信息及时传输和共享,从而形成竞争优势。

2）电子商务能力与信息整合

信息整合包括客户信息整合和供应商信息整合两个方面。客户信息整合包括销售点的实时信息、销售预测、客户分析和客户关系管理;供应商信息整合包括共享需求预测信息、共享库存信息、共享市场需求信息。组织信息整合是外部市场、供应链企业生产计划、技术条件、内部业务流程等内外部因素共同影响的结果,需要高质量的电子商务能力的支持。因此本章提出如下假设:

H1a:电子商务技术运用能力与客户信息整合正相关;

H1b:电子商务技术运用能力与供应商信息整合正相关;

H2a:电子商务系统基础能力与客户信息整合正相关;

H2b:电子商务系统基础能力与供应商信息整合正相关;

H3a:电子商务关系管理能力与客户信息整合正相关;

H3b:电子商务关系管理能力与供应商信息整合正相关。

3) 信息整合与组织敏捷性

通过主动创新应用信息能够帮助企业准确掌握和预知市场价格波动,以及时调整产品结构。部分学者认为,信息应用能推动组织敏捷性提升,如 Mathiassen 和 Vainio 认为,信息的正确应用能够使组织对外部环境的变化迅速感知和响应,一旦信息管理与运作战略有机融合在一起,面对市场变化,企业能重新分配战略资源,最大限度地满足顾客需求。为了更清晰地辨别信息整合对不同层面组织敏捷性的影响,本章研究信息整合对组织敏捷性两个维度的影响。因此,提出如下假设:

H4a:客户信息整合与组织敏捷性正相关;

H4b:供应商信息整合与组织敏捷性正相关。

4) 电子商务能力与组织敏捷性

引入技术不是企业采纳电子商务的最终目标,而是希望通过电子商务使组织内外部工作流程顺畅、信息获取成本降低以及及时响应外部市场的变化,最终形成企业难以被模仿的独特的竞争优势。因此,电子商务系统与企业市场响应和组织管理融合是必然的过程,通过电子商务系统的运作对企业资源进行有效分配和调整,组成以市场为核心的运营体系。Zaheer 等研究发现,电子商务创新性运用能够帮助企业准确掌握市场动态和预测市场的变化,及时调整产品结构。因此,本章提出如下假设:

H5a:电子商务技术运用能力与组织敏捷性正相关;

H5b:电子商务系统基础能力与组织敏捷性正相关;

H5c：电子商务关系管理能力与组织敏捷性正相关。

本章基于资源基础理论、电子商务能力层次理论等前沿理论，对电子商务能力（技术运用能力、系统基础能力和关系管理能力）、客户信息整合、供应商信息整合、组织敏捷性（市场敏捷性和运作敏捷性）之间的关系进行了基本假设，构建了如图6-1所示的研究模型。

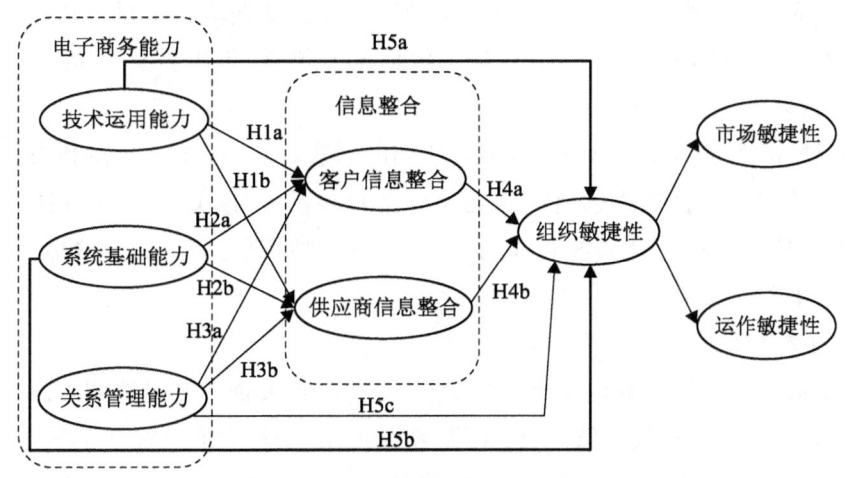

图6-1 电子商务能力、信息整合和组织敏捷性理论模型

6.4 研究方法

1) 量表开发与问卷设计

为保证测量工具的效度和信度，采用已有研究中的成熟量表。在采用国内外已有实证文献测量项目的基础上，按照农业龙头企业行业特征进行调整，开发出初始调查问卷。除了关于被调查对象，即农业龙头企业的一些基本情况外，大部分题项都采用Likert五点量表。根据方便抽样原理，在15家农业龙头企业中进行小规模预调研，参考显著性和Cronbach's α值两个指标删除或重新设计不合理的问题，形成最终调查问卷。

电子商务能力参考仲伟俊等、周驷华等使用的量表，包括电子商务系统基础能力、技术运用能力和关系管理能力三个维度。系统基础能力包括3个题项，由电子商务系统质量、电子商务系统信息质量、电子商务系统服务质量组成。技运用能力包括 3 个题项,由制订跨企业电子商务战略、拥有丰富的系统集成经验、建立企业间流畅的信息交换流程组成。关系管理能力包括 3 个题项,即为业务伙伴参与企业间电子商务提供资源支持、跨企业工作小组内部经常开展直接联系与交流、跨企业工作小组之间经常开展直接联系与交流。

信息整合使用周驷华等使用的量表,包括客户信息整合和供应商信息整合两个维度。客户信息整合包括 4 个题项,即销售终端信息获取、客户行为特征、用户画像和客户关系管理。供应商信息整合包括 3 个题项,即共享生产计划、共享库存信息、共享市场预测信息。

组织敏捷性使用 Tallon 等、周宇等使用的量表,包括运作敏捷性和市场敏捷性维度。其中运作敏捷性包括快速响应外部环境的变化、重新分配资源 2 个题项,市场敏捷性包括识别顾客需求的产品、提供产品信息、识别顾客群体、市场响应速率 4 个题项。

2) 样本与数据收集

本章数据来自长三角地区(浙江、江苏等)农业龙头企业的实地调查。样本企业主要为从事种植、畜牧养殖、农药化肥、食品加工、饲料和农产品流通等的企业,企业规模(人数)在 100 人以上,并都有信息化方面的投资与电子商务系统的应用。按照理论模型设定,运用 Likert 五点量表,被调查者根据自己的实际情况进行打分,分值越高表现为同意的程度越高,数值 1 表示完全不认同,数值 3 表示不确定,数值 5 表示完全认同。本次发放问卷 300 份,有效回收 296 份,两次筛选后删除不合格问卷 24 份。共 272 份问卷用于最终的数据分析和模型拟合。

数据统计显示,65.1%的被调查者职位是公司运营部门经理(如采购、订购或售后服务部经理),34.9%为 IT 主管。经独立样本 T 检验发现,在 $p<0.05$ 显著水平下,业务部门与 IT 部门两个群体不存在显著差异。总的来说,他们都比较了解企业的整体情况和电子商务技术应用等情况,保证了问卷数据的有效性。

3) 数据分析方法选择

结构方程建模是目前社会科学领域中十分流行的一种统计分析技术,能够结合因素分析与回归分析,使研究者同时检测测量变量与潜在变量以及潜在变量之间的关系。因此本章采用结构方程中主流软件之一的 SmartPLS 对数据进行检验,原因为 SmartPLS 对样本数据分布和样本规模没有严格的要求和限制,且支持结构较为复杂的探索性研究。结构模型主要评价模型的解释力和假设路径的显著性。

6.5 结果

1) 测量模型

为了确保量表的合理性和有效性,首先对调查数据采用主成分分析法中最大方差旋转方法进行探索性因子分析。分析结果发现 KMO 检验值为 0.928,Bartlett 球形度检验数值为 8 929.931,且 p 值远远低于临界值,7 个因子的方差累计解释量达 70.725%,6 个因子分别被命名为系统基础能力、关系管理能力、技术运用能力、客户信息整合、供应商信息整合、运作敏捷性和市场敏捷性。运作敏捷性和市场敏捷性构成组织敏捷性的 2 个因子。从表 6-1 可以知道,每个构念所纳入的题项因子载荷均高于 0.5,且运用 SPSS 22.0 进行因子分析显示不存在交叉载荷,满足测量构念一维性要求。各构念所包含维度的 Cronbach's α 均高于 0.7 这一临界值,说明模型测量信度较好。

如表 6-1 所示,所有构念的综合信度(CR)均大于 0.6,模型构建达到一定的质量标准。从 AVE 看,所有构念都大于 0.65。量表的区分效度优劣可以从表 6-2 中看出,因为所有构念与其他构念的相关系数均小于构念自身的 AVE 平方根,区分效度较优。

表 6-1 量表的因子载荷、Cronbach's α 和综合信度

构念	测量指标	因子载荷	Cronbach's α	CR	AVE
关系管理能力 IROM	IORM1	0.863	0.822	0.894	0.738
	IORM2	0.856			
	IORM3	0.857			
技术运用能力 IOTA	IOTA1	0.937	0.947	0.966	0.904
	IOTA2	0.963			
	IOTA3	0.952			
系统基础能力 ISOY	ISOY1	0.887	0.858	0.914	0.779
	ISOY2	0.866			
	ISOY3	0.894			

(续表)

构念		测量指标	因子载荷	Cronbach's α	CR	AVE
客户信息整合 CUST		CUST1	0.842	0.847	0.897	0.686
		CUST2	0.803			
		CUST3	0.830			
		CUST4	0.836			
供应商信息整合 SUPL		SUPL1	0.932	0.917	0.947	0.857
		SUPL2	0.927			
		SUPL3	0.918			
组织敏捷性 AGIL（二阶）	运作敏捷性 OPAD	OPAD1	0.950	0.889	0.947	0.900
		OPAD2	0.948			
	市场敏捷性 MAGI	MAGI1	0.799	0.855	0.902	0.697
		MAGI2	0.871			
		MAGI3	0.863			
		MAGI4	0.805			

表 6-2 量表的区分效度检验结果

构念维度	测量项	SUPL	IROM	CUST	IOTA	ISOY	AGIL
供应商信息整合	3	0.926					
关系管理能力	3	0.693	0.859				
客户信息整合	3	0.631	0.557	0.828			
技术运用能力	3	0.689	0.749	0.612	0.951		
系统基础能力	3	0.635	0.514	0.781	0.561	0.883	
组织敏捷性	6	0.509	0.338	0.450	0.403	0.388	0.686

2) 结构模型

本章以电子商务和信息技术领域常用的 SmartPLS 3.0 为数据分析工具，对 272 份样本数据进行拟合，并用 Bootstrap 算法（$N=1\,000$）对结构模型的路径系数进行显著性检验。图 6-2 给出了拟合后模型的路径系数和 R^2 值。

复相关平方值（R^2）代表对观察变量的方差的解释程度。由图 6-2 可以看出，电子商务系统基础能力、技术运用能力和关系管理能力对客户信息整合的 $R^2=$

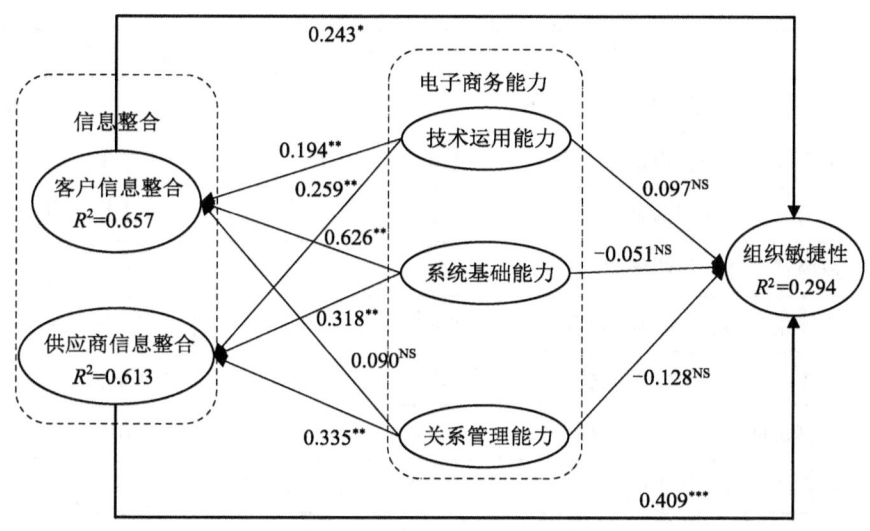

图 6-2 路径系数和 R^2 值

0.657，电子商务系统基础能力、技术运用能力和关系管理能力对供应商信息整合的 $R^2=0.613$，客户信息整合和供应商信息整合对组织敏捷性的 $R^2=0.294$，表示对自变量方差的解释分别达到 65.7%、61.3%、29.4%，均大于或接近于 0.3 的接受水平，表明模型解释能力较好。表 6-3 报告了路径系数及其显著性，以及假设检验的结果。

表 6-3 显示：H1a($B=0.194^{**}$，$p<0.01$)、H1b($B=0.259^{**}$，$p<0.01$)、H2a($B=0.626^{**}$，$p<0.01$)、H2b($B=0.318^{**}$，$p<0.01$)、H3b($B=0.335^{**}$，$p<0.01$)、H4a($B=0.243^{*}$，$p<0.05$)、H4b($B=0.409^{***}$，$p<0.001$)等假设成立，H3a($B=0.090$，$p>0.1$)、H5a($B=0.097$，$p>0.1$)、H5b($B=-0.051$，$p>0.1$)、H5c($B=-0.128$，$p>0.1$)假设不成立。关于模型的鲁棒性检验，采用 Bootstrap 算法计算不同 N 值下 PLS 路径的显著性，没有发现显著性差异。

表 6-3 假设检验

假设与路径	路径系数(B)	t 值	p 值水平	假设结果
H1a：技术运用能力→客户信息整合	0.194**	2.618	<0.01	支持
H1b：技术运用能力→供应商信息整合	0.259**	2.639	<0.01	支持
H2a：系统基础能力→客户信息整合	0.626**	10.888	<0.01	支持

(续表)

假设与路径	路径系数(B)	t值	p值水平	假设结果
H2b:系统基础能力→供应商信息整合	0.318**	5.095	<0.01	支持
H3a:关系管理能力→客户信息整合	0.090	1.638	>0.1	不支持
H3b:关系管理能力→供应商信息整合	0.335**	4.520	<0.01	支持
H4a:客户信息整合→组织敏捷性	0.243*	2.505	<0.05	支持
H4b:供应商信息整合→组织敏捷性	0.409***	4.661	<0.001	支持
H5a:技术运用能力→组织敏捷性	0.097	1.034	>0.1	不支持
H5b:系统基础能力→组织敏捷性	-0.051	0.620	>0.1	不支持
H5c:关系管理能力→组织敏捷性	-0.128	1.506	>0.1	不支持

3）中介效应检验

路径分析中计算技术运用能力到组织敏捷性、系统基础能力到组织敏捷性、关系管理能力到组织敏捷性，以及信息整合到组织敏捷性的路径系数。检验结果发现，技术运用能力到组织敏捷性(0.097，$p>0.1$)、系统基础能力到组织敏捷性(-0.051，$p>0.1$)、关系管理能力到组织敏捷性(-0.128，$p>0.1$)的路径系数不显著，而客户信息整合和供应商信息整合都对组织敏捷性具有显著正向影响：(0.243，$p<0.05$)、(0.409，$p<0.001$)。因此，根据周宇等和顾建强等的建议，需要进一步分析信息整合在组合敏捷性影响中的中介作用。

过去大部分学者都是用 Sobel 检验来研究间接效应，Hayes 等的研究表明，Sobel 检验在数据参数不满足正态性条件的情况下是不适用的。但是很多情况下，调查数据的分布往往并不完全满足这一条件，因此会产生一定的检验偏差。作为替代，本文使用 Nitzl 和 Roldan 的方法，通过 PLS 中 Bootstrapping 算法估计的参数，验证中介效应是否显著。如表6-4所示，除了客户信息整合在技术运用能力和组织敏捷性间、关系管理能力和组织敏捷性间的路径系数在0.05水平下未通过显著性检验，其余路径系数均通过，且95%置信区间都为正数，不包含0，验证了信息整合在电子商务系统基础能力和组织敏捷性间、供应商信息整合在电子商务能力和组织敏捷性间发挥了中介作用，而客户信息整合在技术运用能力和组织敏捷性间、关系管理能力和组织敏捷性间不存在中介作用。

表 6-4 信息整合中介效应检验

间接效应路径	间接效应点估计	Bootstrapping 1 000 次			95%置信区间	
		SE	t	p	low	upper
系统基础能力→供应商信息整合→组织敏捷性	0.130	0.041	3.14	<0.01	0.058	0.219
系统基础能力→客户信息整合→组织敏捷性	0.152	0.061	2.48	<0.05	0.024	0.266
技术运用能力→供应商信息整合→组织敏捷性	0.105	0.043	2.44	<0.05	0.024	0.191
技术运用能力→客户信息整合→组织敏捷性	0.047	0.028	1.63	>0.05	−0.003	0.106
关系管理能力→供应商信息整合→组织敏捷性	0.137	0.043	3.11	<0.01	0.064	0.240
关系管理能力→客户信息整合→组织敏捷性	0.021	0.016	1.35	>0.05	−0.006	0.055

6.6 讨论

1) 研究结果讨论

数据拟合的结果验证了电子商务能力的作用机理。从基本模型的分析结果可知,假设 H5a(0.097,$p>0.1$)、H5b(−0.051,$p>0.1$)和假设 H5c(−0.128,$p>0.1$)都不成立,说明电子商务能力中系统基础能力、技术运用能力以及关系管理能力不直接影响组织敏捷性。从图 6-2 中可以看出,客户信息整合和供应商信息整合对组织敏捷性具有显著作用,而电子商务能力对组织敏捷性均没有显著的直接作用,且信息整合与组织敏捷性间的路径系数要远远大于电子商务关系管理能力与组织敏捷性间的路径系数,即信息整合对组织敏捷性的作用大于其他因素的作用。与客户信息整合相比,供应商信息整合的中介效应尤为显著,能够在电子商务系统基础能力、技术运用能力以及关系管理能力与组织敏捷性的关系中起到完全中介作用,而客户信息整合只能在系统基础能力与组织敏捷性关系中起中介作用。

2）理论与实践意义

鉴于信息不对称和信息扭曲的现实背景,基于农业龙头企业经营行业的特殊性,依据资源基础理论、关系视角理论和电子商务能力层级理论,研究农业龙头企业电子商务对企业组织敏捷性的作用机理。本章的研究在理论方面有以下几点贡献:第一,对于电子商务能力的研究,已有文献开始涉及,但是国内研究大多数直接应用国外学者的构念模型,并很少分行业来进行研究。鉴于行业的异质性,本章结合农业龙头企业这一本土化因素进行研究,更加贴合现实,研究结论丰富了中国企业相关的理论研究;第二,企业电子商务能力、组织敏捷性,以及电子商务能力和传导机制一定有其特殊机理,引入信息整合这一重要的中介变量,为探索组织敏捷性的形成提供了新的研究思路和视角;第三,作为对前人研究的进一步补充,从实证角度验证了电子商务能力的特征,丰富了电子商务能力的理论构成研究。从实践价值来看,首先,电子商务确实增进农业企业价值创造能力,电子商务能力通过供应商信息整合和客户信息整合等中介变量,间接影响农业企业组织敏捷性。其次,在当前的竞争背景和技术革新下,不是应用电子商务就能直接提升组织敏捷性,电子商务能力的价值创造必须通过信息整合中介变量间接实现,在此论证了电子商务在企业组织敏捷性实现过程中的驱动角色。

6.7 结束语

本章以电子商务能否增强农业龙头企业组织敏捷性为研究问题,在系统分析了电子商务能力相关概念、结构层次基础上,构建了电子商务能力到信息整合再到组织敏捷性的概念模型,并考虑电子商务能力中不同子能力间的相互关系以及其对农业龙头企业组织敏捷性的影响机制。通过实证研究方法证明了电子商务能力中的系统基础能力、技术运用能力和关系管理能力对农业龙头企业组织敏捷性没有显著的直接影响,而是通过供应商信息整合的中介作用产生间接影响,而客户信息整合只能发挥部分中介效应。正如调研中某农业企业信息主管所说,通过建立企业信息共享的现代化系统、企业资源计划(ERP)系统、产品数据管理(PDM)等,企业实现了供应链企业之间的信息无缝连接,促进了企业间市场信息沟通和交流,通过信息整合使得企业能够及时掌握商机,提高对市场的响应能力,库存周转率显著提高。

　　本章的研究尚有不足之处和可拓展空间。首先,对于电子商务能力相关的概念,学术界尚未达成统一的认识,因此无法提供具有广泛共识的测量量表,需要进一步探索。其次,组织敏捷性的影响因素比较复杂,电子商务能力可能仅仅是其中一个重要的环节,未来的研究可以考虑增加其他因素,以使模型的结构更加符合实际背景。最后,本章采集的数据来自东部地区,未来可以进一步收集中部和西部地区农业龙头企业的数据进行验证,并比较传导机制有没有地区差异。

7 政府与运营商角色重塑

电子商务让传统的农村商业模式向新模式快速转型,政府在其中发挥了重要作用,但容易忽视的是政府在农村电商不同发展阶段的作用不同,需要及时对其进行调整。若是对政府在推动农村电商发展中作用机制的研究不够系统深入,不仅会浪费宝贵的财政资金,还会耽误农村电商的发展时机。因此,分析政府在推动农村电商发展过程中的角色偏差,探寻如何重塑其角色定位,弄清政府应在何时何处以何方式发挥作用,对农村电商的健康发展尤为重要。而作为农村电商另一大关键主体的服务商,随着农村电子商务发展的引爆,其提供的服务内容也逐渐由简单走向复杂,由单一走向多元,由代理服务走向专业服务。在这个过程中,服务商在农村电商发展中的角色也需要重新定位。

7.1 农村电商发展中政府与运营商的核心职能

1) 政府的职能

(1) 宏观调控职能

电子商务行业内部法律法规仍需进一步完善,少不了政府部门的宏观规划和指导。在顶层设计方面,政府应发挥宏观调控作用,充分运用政策、计划、财政、税收、金融等宏观手段来引导市场,从而影响农村电商。首先,政府要因地制宜,根据本地区的区位优势、农产品特色优势、电商发展情况和现存问题等,确立当地农村电商的发展战略、总体思路、主要目标,明确农村电商发展的重点任务,制定相关的扶持政策;积极开展电子商务进农村综合示范,贯彻落实上级有关加快农村电子商务发展的政策,结合实际,统筹规划;充分征集企业、科研单位以及返乡创业群体的意见,科学编制符合县域实际的农村电商发展规划,将农村电商纳入地方发展战略,作为农村发展的重要支撑,促进城乡互补、协调发展;建立健全农村电子商务发展的促进政策,特别是制定有利于当地农村电子商务发展的农村公共产品供给政策、与之相配套的各项法律法规,以及支持和鼓励农村电子商务发展的优惠措施,引导农民克服小农思想,树立发展优质高效农业的思想;制定出台有关县域电商服务主体的监督考核机制、权责规定、管理办法等一整套规章制度。

主要任务:一是加强网络和物流等基础设施建设,如完善光纤宽带建设,提高入户率;加强道路设施建设,完善农村路网,便于农产品运输;打造农村电商服务站点,建设县、乡、村三级服务体系;科学配置冷链物流、仓储资源,建设物流集散点,提高物流效率等。二是制定合理的产业发展战略,科学聚焦核心产业发展;综合政府补贴政策、金融保险政策、品牌推广策略等,培育农村电商主体,带头示范;推动电子商务和传统产业的结合,进行产业链延伸,带动乡村旅游消费,促进第一、二、三产业融合。三是要制定吸引人才战略,人才队伍建设是发展农村电商的核心要素,制定适合本土人才培养的战略,通过分类培训、外出交流、合作办学等模式,为农村电商的发展储备人才。四是政府要牵头建设电子商务平台,或是借助成熟的市场平台力量,选择合适的电商平台资源,节约投入成本,提高产出效能。

(2) 协调职能

规划制定后,政府还要组织实施,通过资金、政策、内外协调等,积极构建农村电商生态网络,协调解决电商发展中存在的问题,营造良好的农村电商发展环境。政府发挥协调职能,有效利用人力、物力、财力,提高行政效率,政府上下级之间、部门之间、与企事业单位之间,每个环节都是协调的对象。在农村电商中,政府整合行业资源,统筹协调,充分调动各相关部门、电商协会、农民合作社、种植大户、家庭农场、龙头企业、电商平台等各方的积极性,进行市场化整合,推动农村第一、二、三产业融合发展,整合第三方服务商资源。作为协调者,当利益相关者农户与电子商务服务企业之间出现矛盾冲突时,政府要积极协调好各方的关系,使企业、农民以及其他合作者之间保持良好的合作关系,确保农村电子商务长久、良性发展。政府协调职能分为内部系统的协调和外部社会及市场环境的协调。

主要任务:一是物质和资金的投入,政府在农村电子商务发展的过程中,应当为农村电商服务主体提供物质和资金支持。同时根据各乡镇或街道的经济发展状况,在预算之内科学合理地分配各种资源,实实在在投入农村电商规划确定的事项中,分步实施、讲究绩效,聚焦补短板,特别是将项目补贴等财政资金向偏远、落后农村有目标地倾斜,做好农村电商发展的物质保障。二是政策的投入,在战略规划的指导下,制定详细的落实方案,明确各部门的任务和责任,制定激励、贴息贷款等扶持政策,确保战略目标能够落地。三是建立良好的内部协调机制,包括政府内部横向和纵向的沟通,在不同层级政府和不同部门之间建立顺畅的沟通渠道,及时传达政策,各级部门分工协作,协同发展。

(3) 市场监管职能

市场监管职能是指政府为确保农村电商市场运行畅通,保证电商主体公平交易和竞争,维护电商企业合法权益,而对农村电商市场进行管理监督。政府依法对市场经营主体和其产生的行为进行监督管理,而对于农村电商,主要是监管网络市场,打击销售假冒伪劣商品、虚假宣传、不正当竞争和侵犯知识产权等违法行为。政府要建立专门的农村电商诚信体系,督促第三方交易平台加强内部管理,完善在线商家诚信"黑名单"制度,共同维护市场秩序;完善农产品溯源体系以及标准化、品牌化建设,并由食药监、质监、农业等部门加强对土特农产品的监管;对于参与电子商务的商品、网店、物流等,采用统一的标志进行管理,同时对农产品生产实行全程信息化管理,通过信息共享交换、分析对比,增强产品的透明度和可信度,使消费者能精准获取产品信息,满足消费者的知情权和监督权。对于互联网贸易,政府应制定监管标准,县级商务主管部门对企业成立、运行及其他问题实施有效的监督举措;健全电子商务信用信息管理制度,推动电子商务企业信用信息公开,并促进其与银行信息交换共享,建立健全电子商务领域失信行为联合惩戒机制;规范平台商家的市场准入、商品准入和交易行为,有效遏制交易欺诈。通过各种手段保护消费者免受假冒伪劣产品的侵害,促进农村电子商务公平交易,为农村电商发展提供公平、有序、透明、健康的市场环境。

(4) 公共服务职能

政府既是管理者,又是服务者。发展农村电商离不开政府的服务和支持,政府在推动农村电商发展时,除了制定规划和实施之外,还应提供相关服务和管理,通过提供基础设施和公共服务为农村电商发展创造条件,培育农村电商市场。政府应当有规划地引入农村电子商务项目,并在项目实施管理的全过程为企业和农民提供全面可靠的信息、技术和监督,做好引导和扶持,促进资源统筹,确保各项目的高效实施。

具体职能包括:一是加强基础设施建设,加大投入,完善农村公路、通信等基础设施,提高农村宽带网络覆盖面。二是加快农村物流体系建设,通过物流补贴、减免税费等措施整合资源,加快建设一级物流服务点和快递服务点,打通农村电商物流"最后一公里"。三是培育和完善农村电商市场体系,建设县、乡、村三级电子商务服务体系,制定相关规范引导制度,提升站点建设的标准化程度,制定包装规范、物流规范等;为电商主体提供落地服务,通过就近设立工商税务注册、制定场地优惠政策等,帮助其进行电商创业。四是加快推进地方农产品的标准化建设,推动农产品产业化、规模化、标准化生产。建立追踪溯源体系,在生产环节进行跟踪,在销售环节提供质量检测,对不安全的产品实行零容忍,守好质量底线,确保上市产品安全放心。五是提供品牌建设服务,打造区域特色。完善农产品电子商务营销服务体系,开发具有地域特色的农特产品,由政府统一提炼产品内涵,进行统一的形象设计、宣传推广,引导从业人员共同维护品牌形象;打造出本土的农产品品牌,通过金字招牌开拓市场,吸引社会各界的关注。六是培育和引进电商人才,整合各方面资源,为缺乏专业知识和电商技能的农户、企业提供专业的培训;建立健全培训体系,成立培训机构,或是依托职业技校等资源,或是政府购买第三方培训服务。七是培育社会组织和龙头企业,发挥示范作用。政府通过支持电商协会的成立和运作,推动协会和企业的定期交流,形成合作共享的意识,提升农村电商组织化水平,促进行业集聚发展。八是加强金融扶持力度,建立健全奖惩机制。政府要通过合理的政策及时制止危害县域电商形象的行为,对发展良好的电商主体进行鼓励,增强其参与农村电商的积极性。

2) 运营商的职能

农村电商服务商应具备的四大核心能力包括:一是宏观思辨能力,擅长顶层设计。服务商要能够根据县域资源与时机,完成3～5年的行动计划,确保在区域的领先;要能及时捕捉政策性机遇并抢先实现;能够创造及实现政府、平台电商与供应链的利益共享。二是资源整合能力,及时把握商机。服务商要熟悉平台电商的规则,并拥有良好的人脉关系;能与自身主流业务结合,在物流整合及电商园区运营等方面发挥突出作用,提升县域资源的使用效率;能对商业模式的迭代有精准的把握,确保县域电商的健康发展。三是可持续发展能力,创新策划。服务商要能够基于电商及平台电商的规则,设计县域电商的阶段性主题;拥有较好的文创基因,能有效提升区域品牌;具有跳出电商发展电商的思维。四是全网分销能力,实现农产品上行。服务商要拥有全网分销架构搭建经验,在新零售领域拥有资源或者实践经验,且在供应链管理领域有一定积累。

(1) 人才培育服务

主要是人才服务商类,提供包括培训、孵化、众创、招聘、劳务等服务。教育培训作为电子商务公共服务的一部分,是一个全产业链的培育过程,涉及机关干部、职能部门、基层党员、中小企业主、经营者、大学生村官等。农村电子商务人才的培育过程是一个持续的、不断创新的过程,从政府层面集中学习提高电商认识,再到统一思想并鼓励传统企业转型升级,最后到对电商参与主体及大小农户的培训,是一个系统的工程。除政府推动以外,需要更多的社会资源介入。服务商按照县域电子商务进农村综合示范要求,为地方设计电商大讲堂、电商实训班、岗位人才班等多个班次,根据当地情况适时调整,线上课程和线下实体班结合,为基层干部、企业领导者、涉农创业者等进行培训。普及电商,壮大网货群体,同时为其提供咨询服务,孵化电商主体,通过持续的定向培训,帮助农民掌握农村电商运营基础技能,使其可以销售自己的产品或通过销售别人的产品增加收入。

(2) 产品开发服务

对于传统产业的标准化产品,服务商要着力推动传统企业转变思维模式,及时了解市场动向,捕捉政策性机遇并抢先实现;帮助传统企业顺应时代的发展,迅速调整思路、改变策略,大力发展电子商务,调整产业链;增强企业自身的市场竞争力,保住原有市场份额并逐步扩大。对于待开发的非标准化产品,进行产品网货化改造。首先,服务商对县域产品进行调研,寻找当地特色农产品,提炼卖点进行改造,提供产品研发、包装设计、品牌规划、物流仓储体系建设、商品SKU(库存保有单位)规划、物流发货规划等服务,将传统产品变成符合网络消费群体的消费习惯、消费价值观的网货,使农产品能顺利在网上销售。

(3) 品质管理服务

农产品品质是制约农产品上行的关键,农村电商服务商必须重视增强农产品的市场溢价能力和竞争力。非标化问题一直是农村电商非常突出的问题,需要社会的力量来解决。农村电商服务商借助现代物联网、大数据等技术,帮助建设统一的产品溯源体系和品质监控体系,对农副产品进行产前、产中和产后质量检验,确保品质过关。同时,加强农副产品的标准化规则制定,实现外观及品质的标准化;并按照大小、颜色、品种、成熟度等特征对不同类型的农产品进行分类,保障品质标准化,增加其溢价和竞争力。

(4) 营销推广服务

农村电商服务商积极与第三方平台合作建设营销专区,通过品牌规划与设计、广告策划与宣传等多种渠道,将县域的优势产品销售出去,通过单品突破带动区域产业链的提升和发展,进而带动县域其他农产品和特色产品的销售。同时,有实力的服务商依靠丰富的自有平台电商资源和众多合作渠道,举办资源对接会等,为县域优质农产品提供销售渠道,实现产业脱贫;举办或参与大型线上或线下营销活动,将产品包装升级,促进县域农产品网络零售额持续增长;根据县域需求建设第三方平台特色馆,以政府背书,吸引商家入驻,为电商主体提供营销机会,并指导当地团队进行电商运营。

(5) 平台体系建设服务

农村电商服务商通过整合邮政、商贸、政务信息等各个环节的资源,进行统一布局,合理建设电子商务服务体系。建设县、乡、村三级服务中心,为县域电子商务的发展提供商品定位、产品摄影、美工策划、客服培训、品牌策划、网货供应、包装运输、政策咨询、营销推广等电子商务配套服务;整合村淘、邮乐购、便民店铺等资源,建设电商服务站(点),打破农产品上行和工业品下行"最后一公里"物流瓶颈,提供商品代买代卖、包裹存放、邮寄、生活缴费、农资产品信息、创业就业学习培训等功能;同时为所有从事或将要从事电商的人提供政策咨询窗口,定期举办电商座谈会,有效引导广大农户参与电子商务。服务商还能为县域搭建大数据平台,展示县域服务站点、快递物流信息、电商培训、电商企业运营、电商产业发展、电商扶贫增收、农产品上行等多维度数据,用大数据动态展示当地电商成果;开发线上管理平台,对农产品供应链、民宿管理等产业运营提供技术支撑,并且通过大数据指导产品生产和销售。

(6) 金融服务

金融服务商主要包括银行、小额贷款公司、担保公司、风投公司、产业基金、互联网金融点对点借贷平台(P2P)等。农村是小微金融的一个大市场,服务商通过整合地方金融资源、对接平台金融服务,为现代农村发展输血、造血。首先,推进农村支付环境建设和金融知识宣传教育,为农村电商客户普及金融知识和理财知识,满足农村电商日常经营需要;金融服务商对农村地区,尤其是农村电商集聚区大力投入基础设施,为农村电商服务站点和客户提供优秀、方便、快捷的金融服务,而且依托电商服务点金融结算便利,为农村小额快速支付、网络支付和创新支付提供便捷高效的金融服务,逐步改变农村支付结算方式,促进农村电商的发展。其次,服务商可派遣驻村信贷员深入村组,为农村电商客户提供金融知识咨询和支付操作讲解等服务,实地了解生产、销售和资金需求情况。同时,定期组织电商银企对接会,将发展潜力好的小微企业推介给银行,引导银行对农村电商加大信贷投放,降低银行信贷风险。

(7) 公共服务

此类县域电商服务商主要包括电商协会、电子商务服务中心、电商孵化基地、众创空间等,为农村电商企业的发展提供全方位的服务。例如电商协会的主要职责有:培训、微媒体运营、网络宣传、网商运营指导、示范引领;开办电子商务培训、交流讲座,以及电子商务继续教育和在职培训工作,培养既懂商务又懂技术的复合人才,促进传统企业向电子商务转型;开展网络运营、美工、摄影、客服等专业的技术指导,以及平台对接推广、网商创业跟踪等服务。电子商务服务中心承接政府外延职能,为开展电子商务相关活动的企业、个人提供专业性的服务。而电商孵化基地,对县域的农牧产品、林果产品、绘画、手工艺品、文化旅游等特色产品都会进行充分展示,并为入驻的电商企业、个人提供研发、生产、经营的场地,通信、网络与办公的共享设施,系统的培训、咨询,以及政策、融资、法律和市场推广等方面的支持,降低农村电商企业的创业风险和成本,提高农村电商企业的成活率。

7.2 农村电商发展中政府与运营商的角色偏差

1) 政府的角色偏差

(1) 政府职能越位

"市场为主、政府引导"是电子商务发展的根本原则,但政府在履行职能的过程中往往会偏离这一根本原则,在建设服务型政府的过程中却以计划、命令为手段,过度干预。政府具有提供公共服务、经济调节、市场监管的基本职能,能够有效地为县域提供农村电商发展所需的公共服务;同时,政府的权威性能在短期内以较低的成本为农村电商的发展汇集多方力量,营造良好的农村电商发展环境。但是当政府的优势发挥过度时,就容易出现越位问题,即政府干预过多,造成群众对政府提供公共产品的行为产生依赖,从而使得农村电商发展效率低下。现在的地方政府往往会从农村电商发展初期开始,就大力推动支持,提供全方位的帮助;

中期又出台各种扶持政策,为电商企业提供"绿色通道",加强对其的指导,培育壮大电商主体;农村电商参与主体在政府的扶持下一步步发展,对政府产生极强的依赖性,后期是否能经得住激烈的市场竞争,脱离政府后又能存活多久就不得而知了。

政府职能越位主要表现在行政干预过度。鉴于历史原因,我国地方政府总会扩大自身的行政干预范围,对市场的常态化发展造成困扰。例如,有的地区的个体商户农村电商服务站被强制购买社会保险,有的地区的商户在进行注册时会被收取高额手续费,这大大影响了个体经商户的创业热情。此外,当政府过度干涉农村电商的市场发展之后,繁复的行政审批会影响市场机制的正常运行,降低农村电商发展效率,还可能存在行政职权寻租和腐败行为,这不利于农村电子商务的有序发展。政府行政干预过度现象的发生,也是政府与市场分工模糊,导致地方政府经常要越位去替市场主体承担责任。

管控过严是另一种政府行政干预过度的表现,指政府没有与当地的社会团体保持适当的距离,虽然在前期给予了足够的指导和帮助,但在其发展进入正常轨道后,仍频繁地干预其日常活动,没有给其充足的独立发展空间,这对农村电商社会团体的正常运作会造成不利的影响。总之,地方政府企图将农村电子商务纳入政府体系,过多的干涉和严格的控制等行为导致农村电子商务市场主体成本提高,增加了其面对的风险,实质上阻碍了农村电子商务的普及深入。

(2) 政府职能缺位

有些地方政府对新生的先进事物敏感性不够,接受度不足,导致对农村电商的发展缺乏实质性的支持,政府职能缺位严重。例如,政府在方案设计时目标不清晰、要求不具体,导致执行方案的人员不能很好地完成工作目标,造成政策执行层面的缺位。当然,在农村电商的发展过程中,政府不仅要通过加强基础设施建设、出台优惠扶持政策、提供贴息贷款等方式引导农村电商主体的发展,更要侧重建设制度、在法律层面对农村电商参与主体行为进行约束。目前,许多地方政府在当地农村电商发展中的刚性制度建设有待加强,政府对企业成立、运行及其他问题缺乏有效的监督措施,使得农村电商发展的规范性和稳定性不强,容易出现食品安全风险、数据统计困难等问题,损害消费者的利益。而消费者对产品留下的恶劣印象会影响其他规范经营的优质产品的销售,进而影响整个县域品牌的形象,这时就亟须政府对电商参与主体的行为进行规制和监管。

除了对电商行业缺乏监管,有些地方政府还对农村电商服务站点监管不及时,一些电商服务站点流于表面,没有起到该有的作用。不仅如此,由于政府监管不到位,还存在金融产品贷款无法收回的情况。农村地区的经济货币化程度不高,合伙人和农户的市场交易信息记录常常缺失,且农村市场活动主体多为个体户或小微企业,财务制度不健全,银行难以掌握贷款人的真实资信状态,导致信息不完全、信息不对称;而政府也没有建立信用评估机制,对不守信用的借款人进行监管和惩罚,更加加剧了这一现象。因此,政府应全程监督跟进农村电商的发展,及时制定解决方案,规范市场行为,引导县域电子商务健康、有序发展。

此外,政府还有一个重要的职能缺失是协调职能缺失。发展农村电子商务是一项综合性的系统工程,需要政府协调各部门联动,并且不能忽视龙头企业、行业协会和电商平台等的作用。尤其是行业协会在行业信息储备和专业方面有着政府不可比拟的优势,但我国并没有很重视行业协会的发展,政府没有从中搭台协调,导致相互之间缺乏沟通合作。政府部门未能将发展电商的指导性政策规划通过电商行业协会及时地传达给企业和个人,电商行业协会也未能将农村电商发展存在的问题及时反馈给政府部门。不仅如此,很多地区的农村电商发展存在着悬殊的差距,政府没有从中协调,发挥龙头企业的示范带头作用。发展农村电商,单靠电商部门的力量远远不够,只有政府通过协调充分调动广大农村电商参与主体的积极性,县域农村电商才能朝着光明大道发展。

(3) 政府职能错位

政府还有一种角色定位问题即职能错位。在农村电商发展过程中,由于前期制定实施细则不明晰,在执行过程中就难免会出现分工不清、部门职责模棱两可、责任交叉等问题。各个部门之间职责不清或者职责重复,导致该管的事情没人管,有些事管的人又太多,公共资源重复浪费。政府职能错位这一现象主要是指政府内部发生的职能混乱现象,纵向上体现在各级政府、各相关企事业单位、各参与主体间关系处理不好,越位管理,横向上体现在各级政府部门职能交叉、重叠,职权划分不清楚,甚至会存在争抢有利农产品和资源的不良表现。这种情况会严重影响农村电商的整体发展环境,进而影响到总体规划、人才引进和资金投入等。

(4) 主体培育力度不足

电商生态是由网商、服务商、供应商、消费者及社会环境共同构成的有机系统,只有形成完整的农村电商上中下游生态系统,才能正向促进县域整体竞争力。

而对于当前我国农村电商的发展,虽然各地政府都紧随中央一号文件的脚步,出台了一系列的农村电子商务指导意见、工作方案等,但这些实施方案往往不够具体,太过于泛化,且缺失相关的配套政策,缺乏针对性、指导性和可操作性,农村电商市场主体培育力度不足。我国农村分散经营的小农经济,难以实现大规模、标准化的产业化生产,市场秩序混乱,以次充好、假冒伪劣的现象屡禁不止,品牌培育困难;再加上我国不少农村地区受传统的小农意识和保守思维定式影响,安于现状,对农村电商认识不到位。虽然已经培育了一大批农业企业、农村合作社、家庭农场等新型农业经营主体,但大部分并不具备开展电子商务的技能和素质,政府也没有对其进行相应的宣传和培训。且许多地方缺乏有力的服务体系支撑,农业经营主体对发展农村电子商务的重视不够、了解不深,参与热情不高,市场氛围不强烈,制约了农村电子商务的长久性发展。

除此之外,政府对网销主体的打造也没有与地域特色充分结合。我国是农业大国,有十分丰富的农产品资源,但目前适合网上销售的农产品开发不够,相当一部分的优质且独具特色的农产品有待开发,已开发的电商产品尤其土特产品缺乏统一的标准,缺乏"绿色""无公害""有机"等标准认定,质量参差不齐。同时,政府部门对电商产品的宣传重视不够,对传统媒体和网络媒体,尤其是微博、微信、抖音等新兴自媒体的利用率低,导致地域农产品知名度很低,网上销售缺乏竞争力。

(5)服务能力不足

部分地区政府仍倾向于优先招商引资那些能显著提升政绩的工程,对农村电子商务的发展潜力认识不到位,单纯认为做电商就是在网上卖东西,对发展农村电商仍持怀疑和观望态度,重视度不够,导致政府对于农村电商的服务理念淡薄。服务理念淡薄进而导致政府不会在电商发展中投入充足的人力物力,快递、物流、仓储、网络等前期基础设施建设落后,服务能力不足,农村电商的发展受限。政府服务能力不足主要体现在:一是产业扶持不到位。对于农村地区而言,企业和个人缺乏发展电子商务的意识,而电子商务发展又涉及多个产业,需要政府出台相关扶持电商发展的政策性文件,协同各个部门和其他相关单位,合力引导农村电商发展壮大。若是政府由于对农村电商的不重视,而忽视了有意发展电商企业的需求,不能提供政策上的帮扶,会严重影响群众参与电商的积极性。二是对电商从业者的服务缺位。电子商务准入门槛较低,新的从业者不会全部到相关部门登记备案。政府相关职能部门不能准确掌握电子商务从业者的相关情况,也就无法及时为他们提供服务。三是政府对于电子商务人才引进、培育不到位。农村电子商务的发展需要一大批既懂农产品贸易管理又懂电商技术和运营的复合型人才,而政府工作人员缺乏相关的电商知识储备,在制定政策、指导企业开展电商业务时没有经验、考虑不全面,推动电子商务在农村全面开展的能力明显不足。同时,农村电商培训的效果不佳。现在很多农村网商没有自主设计能力,网店经营水平低,而真正面向农村、走进社区的培训不多,受众面不广;且专门面向电子商务从业者的相关网店管理、美工设计、实操等技能培训较少,对农村电子商务发展的推动作用有限。

2)运营商的角色偏差

狭义的电商服务是指电商直接需要的服务,比如人才培训、摄影、数据分析、运营推广等。而广义的电商服务涉及整个县域电商生态,有直接的电商服务,也有间接的电商服务,比如物流、仓储、加工、包装,以及规划制定、品牌打造、园区建设和运营等涉及电商供应链、产业链乃至价值链的全程服务。而当前我国农村电商运营服务业的发展还不完备,存在定位、功能等多方面的问题,亟须改善。

(1)功能定位不匹配

农村电商运营商功能定位不匹配,一是体现在与政府的财政资金配置不匹配;二是体现在与电商参与主体的需求不匹配。首先,与政府的财政资金配置不匹配。在资金的分配方式上,一些县级政府会使用传统的项目资金使用方式,为农村电商服务中心的入驻企业提供办公环境等基础设施,其基本是一次性的投入,难以为农村个体网商或企业的孵化与发展提供持续性的支持。若是政府采取"以奖代补"的资金分配方式,又会造成存在多个功能相近的服务中心,浪费财政资源。其次,与电商参与主体的需求不匹配。本地化的电子商务综合服务商往往能带动电子商务生态不断发展,促进传统产业的转型升级。但是,现在不少县域服务商急功近利,对当地的电子商务发展还没有深刻的了解,就匆匆建设服务站点,建设完成后又没有专业的人打理、流于形式。此外,很多服务商为农村电商参与主体提供模式化的服务,不能因地制宜提出解决方案,或是将成功经验简单地套用在电商企业上,不利于农村电商企业的长期稳定发展。

(2)职能认知不统一

以电商服务中心为例,很多地区的服务中心,缺乏明确的指导和定位,政府部门更多关注其能否正常运转,对于入驻电商企业的可持续性盈利规划欠缺;而承办企业为了生存与发展,在建设和运营时则会将重心聚焦于自有业务,只是形式上配合政府的计划,两者对于服务中心的职能缺乏内在的共生机制。政府建设县域电商服务中心更看重其公益职能,而对于企业来说更看重服务中心为其提供的服务是否能促进企业经济增长,以及这种服务模式能否实现服务中心商业的可持续发展。

(3) 农产品上行效果差

农村电商最大的问题是农产品上行的难题,县域服务商作为农村电商的构架师、一个重要的决策主体,也应该努力推动农产品上行,提升农产品供应链运营效率,降低农产品上行供应链运营成本,促进农民增收增产。但是农产品上行不是靠服务商简单的包销就能实现的,有些服务商为了承揽业务,对于当地农特产品,尤其是具有很强季节性、区域性的农产品,在没有系统调研的前提下,盲目承诺解决农产品上行问题。在生态体系建设、品质控制、溯源技术应用、品牌打造、包装设计等方面没有科学系统的规划,没有当地政府、龙头企业的引领,以及没有更多行业机构参与销售,服务商难以全面解决上行的问题。

(4) 服务业态不足水平差

目前,我国农村电商发展缺乏综合服务平台,虽然农村电商的生态体系已经开始建设,但配套的支持服务体系还不完善,服务业大部分受限于物流快递企业,其他例如店铺设计、美工摄影、代运营等类别的服务商缺口较大,文案创作、数据分析、推广运营等电商服务业人才稀缺,农村电商的网商运营水平受限。不仅如此,专业的农村电子商务服务商少之又少,现有的农村物流服务商提供的大部分服务的产品品类少,他们运用自己的配送网络,难以送达乡村和偏远城镇,商品配送效率不高,没有根本解决物流"最后一公里"的问题,大大降低了顾客的消费体验。还有不少农村地区,信息管理混乱,信息处理收集的软硬件设备不足,不同地区和部门之间信息共享程度低且重复建设严重,整个电商服务业态规范性不强,水平参差不齐。

(5) 缺少行业标杆带头

以电商平台为例,目前我国农村电商平台主要是以淘宝、京东为主的电商综合平台,以及由政府或行业协会、电商企业发起的自建农资电商平台,而像淘宝这样的大型电商平台,不论买卖,一般都是消费者的首要选择。然而在农村电商服务行业,比如物流、设计、冷链、代运营等方面还没有这样的标杆服务企业,行业缺少领头羊。不仅如此,由于大型平台占据了大部分流量,自建的平台大多局限于某个专业领域,综合服务能力差;或是大部分平台采用相同的模式,没有根据农产品情况加以创新改进,运营能力差,存在重复建设的问题;甚至有的平台还要依靠政府的政策倾斜,盈利不足,难以适应市场竞争,发展格局小。

7.3 政府角色重塑

政府的有效支持对于农村电子商务的发展起着至关重要的作用。上述政府的角色偏差会严重影响县域发展农村电商的整体环境和氛围,限制农户参与电商的积极性。因此,笔者认为,政府行为要注意适度的问题,不能越俎代庖,要做到不缺位、不越位。据此提出以下关于政府角色发挥的几点建议,希望能帮助政府找准定位,在农村电商的发展中充分发挥其职能,引领农村电商有序发展。

1) 加强宏观指导,做好顶层设计

农村电子商务横跨第一、二、三产业,涉及工、农、商等多领域,而目前,我国的农村电商发展市场机制还不完善,需要政府发挥其宏观指导的职能,做好规划和指导,通过政策引导,确保农村电商有序健康发展。首先,政府要按照国家战略重点,将农村电商纳入区域发展战略,列为各级党委政府工作的重点内容,给予足够的重视;明确地方发展电子商务的战略定位,结合行政手段与市场手段,与电商企业、行业协会等共同推进制定适合当地农村电商发展的、科学的指导规范。其次,在具体规划过程中,政府要明确地方的产业结构方向,立足县域农村电商发展现状和优势传统产业分布状况,制定正确的产业政策;成立农村电商推进工作领导小组,科学确立农村电商发展产业结构,对重点工作做出具体实施方案。在扶持政策方面,政府要加大政策优惠力度,联动相关职能部门,及时出台并完善相关财政、金融、土地、税收等方面的优惠措施和奖励政策。切实推进政策细化与可操作性,政府贴息贷款利率、税费减免幅度要有明确的实施细则,各相关部门分工合作,提高行政效率,全面推进农村电商发展。此外,政府对于刚起步的电商从业者应给予额外的帮扶,提供网店运营、客服培训、产品对接等指导服务,提供一定程度的免税政策;同时,政府要鼓励和引导金融机构进入农村电商领域,为农村电商创业者量身打造金融产品,建立适合农村电商发展的多元化、多渠道的投融资机制,促进金融与农村电商互相扶持、协同发展。

当然,农村电子商务的发展离不开政府的扶持,但是政府在推动其发展的过程中也要有侧重点,把握适当的尺度。政府在农村电商发展初期可以大力扶持,但是到中后期应该及时调整角色定位,适当放手,让电商参与主体自主适应市场竞争;并且,政府切勿为了政绩评分盲目地进行政策扶持,导致企业过分依赖政府或出现资源浪费等问题。

2) **强化协调职能,营造良好环境**

发展农村电商,政府必须整合多个部门的力量,充分发挥协调职能,做好部门之间的无缝对接,既有分工,又有合作,为农村电商的发展营造良好的氛围。农村电商战略应该贯穿市、县、乡三级,各级政府都应考虑如何推动农村电商发展的策略。在这之间,政府要发挥好对内和对外的协调职能。对内,政府应进一步统筹协调整合商务、农业、供销等涉农部门资源,作为责任主体,应明确各部门分工,确保各司其职,坚决抵制部门之间各自为政的情况发生。商务部门要做好关于农村电商开展的规划制定、配套政策落实和监督检查等工作;财政部门负责配套资金的保障工作,将资金拨付到位;税务部门负责落实税收优惠政策;农业、畜牧、林业等部门负责推进农特产品标准化生产,建立并完善产品质量安全监管制度和安全考核制度等工作;宣传、旅游等部门做好线上线下的宣传报道,以及相关民俗文化产品、旅游产品的开发;工信部门要协调好三大运营商为首的通信服务企业,加快农村通信网络建设;扶贫办做好建档立卡贫困户的电商扶持工作,等等。此外,建立顺畅的沟通渠道,在建设、运营、管理和跟踪服务等各个环节,把握好各部门角色,针对出现的问题,及时提出解决措施;同时,同级的各相关单位之间也要处理好关系,以达成最佳的协同发展效应。对外,政府要与企业建立良好的协调机制,了解县域内企业的电商发展情况,通过龙头企业,协调企业和农户的连接,帮扶成长型、起步阶段的电商企业,及时调整与企业有关的政策措施,切实地帮助企业良好地发展运营。此外,政府还要积极沟通银行及互联网金融企业,扩宽融资渠道,解决小微企业融资难问题;积极和银行联系,做银行与企业的中间人,鼓励企业采用小微贷等金融服务,解决资金问题,帮助企业更好地发展。

3) **加强监管力度,深入督查考核**

与传统产业相比,农村电子商务有着产品的安全性、交易的安全性、客户资料的安全性等特殊问题,离不开政府的监督和管理。首先,政府要建立完善的农村电商法律体系。近几年来,我国农村电子商务迅猛发展,但是法律体系还不健全,尤其是基层政府,很多地区的电子商务仍处于自发、无序的状态。因此,基层政府必须在已有的各种实施意见、方案基础上,尽快出台符合各地实际的指导性规章制度,维护公平交易秩序。其次,为了营造诚信经营的良好氛围,政府要广泛开展网络经营普法,引导电商经营者依法经营,诚实守信;要构建电子商务诚信体系和监督体系,建立电子商务企业信用档案,实行分级管理和等级公示;不断完善诚信信息共享机制和失信行为联合惩戒机制,将电子商务企业信用评价结果纳入行业准入、融资信贷、税收、用地审批的考量,并对企业违法行为坚决一查到底,严厉处罚,保护消费者及其他市场主体的合法权益。再者,政府要加强对农产品市场的监管。网上销售不像实体店直观,要打消消费者对产品质量的质疑,就要求产品从源头开始可控制、可追溯。因此,政府要加强对农产品市场的监管,建立健全农产品质量溯源体系,检查农产品从生产、加工到销售的全过程,提升农产品质量的可信度;建立县域农产品抽样检测中心或是与有影响力的农产品检测中心合作,切实加强农产品的安全监管力度,严厉打击以次充好、假冒伪劣、过期腐质农产品,保障农产品的安全,并建立农产品地理标识登记、地域农产品保护注册登记,让消费者买得放心;同时,可以联合相关部门制定农产品生产加工标准,指导农户按标准生产、加工和存储,定期进行质检,保证农产品质量。还有很重要的一点是,政府要强化品牌化建设管理,政府应协同电商协会共同建立农产品质量等级分类、包装规范等行业标准,大力推进和部署农产品品牌化建设。最后,政府还要注重提升农村电商监管人员的素质,要求其熟练掌握农村电商监管的执法手法和技能,以保证监管工作的正常顺利开展。

4) 提升服务意识,完善公共服务

政府要提升公共服务能力,要做到以下几点:第一,要完善配套设施建设。在信息基础设施建设方面,通过政府财政补助的方法,与各大网络运营商合作,优先解决贫困村宽带覆盖;对其余村镇,加快高速宽带网络建设,提高上网速度,降低资费标准,推进局域网建设,提高电子商务网络的传输能力。在物流体系建设方面,从仓储、运输和配送这三方面入手,逐个突破。地方政府应对仓储设施的选址和建设进行合理的布局和规划,避免重复建设;优先完善需求和潜力较大地区的道路交通,杜绝不合理收取路桥费的现象,提高道路通达率;搭建县、乡、村三级配送体系,联合多家快递公司和电商服务站,建设物流公共信息平台,整合物流资源,合理规划和构建适应农村电商发展的物流配送体系,提高物流配送的城乡服务能力和农村覆盖面,重点解决"最后一公里"问题,促进农村电商提效增速。第二,加快主体培育和人才培养。政府应通过培育农产品电子商务龙头企业,发挥其示范带头作用,由点到面,推动全域电商企业和个体经营者的发展;在人才培养方面,政府要将电子商务人才培育当作一项常规工作,制定相关优惠政策,加大农村电商人才的引进力度,对引进的高端电商人才予以奖励;同时,重点挖掘积极性高且愿意服务农村的本土人才进行培育,鼓励当地大学生返乡就业创业;对于具体的电商培训,政府要整合本地的高校、淘宝大学及电商孵化园等的相关专业老师资源做好电商学院,同时广泛吸收电商从业经验丰富的实战型人才加入培训队伍,对农村合作社、企业等农村群体和个人,开展定制式的电商专训,从政策讲解到实操技能再到运营规划,增强企业及个体农户的互联网思维和电商意识;同时,还可以对接各种网络培训机构,打破培训场地、覆盖人群的限制,为农民和企业提供更多样的培训内容;鼓励外出考察,参加电商论坛交流等活动,学习引进先进地区发展电商的成功经验,拓宽从业人员的发展思路。第三,政府要加快平台建设。推动建设农村电子商务综合服务平台,以及专业化的物流信息平台等,有效整合农产品资源,畅通农产品销售渠道,扩大销售规模;建设农村电商产业基地,引进专业的农产品电商企业和服务商,为县域电商参与主体提供农产品专业化服务;推进电子商务创业园建设,鼓励有条件的乡镇利用闲置厂房建设电子商务创业园,鼓励电子商务园区积极引入、对接第三方服务商,加强园区网络通信、摄影、仓储等配套服务,充分发挥创业园的孵化功能,对有发展潜力的网商和农村创业青年进行重点培育孵化,使其扎根在农村。最后,除了以上几点,政府还应开拓在金融、信息、大数据等方面的建设,为农村电商发展提供更广阔的空间。

5) 协同多主体,优化发展模式

政府发展农村电商,可以以"电子商务公共服务中心"为抓手,采取"政府投资+本地服务商运营"的模式展开工作。首先是要引入专业的服务,以重点引入和发展一家综合性的电商服务商为起点,鼓励更多外部专业服务公司入驻,以及本地优秀网商的二次服务业创业,逐步形成本地化的服务商集群。其次,加强资源整合。通过建立以龙头企业为带动、电商服务商代运营、网商参与的网货分销体系,整合产品资源;建立与大型电子商务平台长期稳定的合作关系,整合平台资源;并建立协同机制,充分发挥政府、各类经营主体、行业协会、服务机构在农村电子商务成长过程中的作用。最后,要实施系统化的管理。通过建立电子商务协会,加强行业管理,开展行业发展研究,促进政府、平台、网商等各方的协调交流,提升行业管理和服务水平;研究制定针对在线支付、安全认证、物流配送等支撑服务环节的行业标准和规范;遏制不正当竞争,净化本地互联网环境;鼓励农村电商发展模式创新。在"政府+本地服务商"的模式之下,政府要协同发挥多主体的功能,共同构成有效推动农村电商发展的运行体系。政府必须给予电商行业协会独立自主的空间和必要的政策支持,借助电商协会便捷地获取农产品的产量、实时价格等相关行业信息,缓解信息不对称的问题;通过行业协会制定行业规范和标准,签订组织契约,对不合法的行为做出界定,限制行业内组织外部成员的行为。对于运营服务商,政府要扶持引导其整合供应链,构建区域农产品电商上行体系。将本地运营商作为供应链管理的核心企业加以扶持,围绕服务商构建电商供应链;通过运营商的网络代运营、品牌规划、网商孵化等服务,促进传统企业电商化转型;再通过本地服务商带动,有效整合本地电商人才、技术、物流、信息等资源,通过拓宽销售和收入渠道,吸引网商企业集聚,形成发展合力;最后再通过服务商培育孵化专业的农产品供应链服务企业,为农户、合作社、电商企业提供一体化的服务。

7.4 运营商角色重塑

县域电商发展的内力是其背后完备的基础设施、完善的政策支持、强大的服务体系和健全的产业体系。没有电商服务业的地方,一定不会有好的电商。县域电商服务商应着眼于县域电商大生态,全面发展。

1) 走本地化发展道路

县域服务商首先要深入农村调研,避免纸上谈兵,不能简单套用城市电商思维,必须在了解清楚县域电商发展情况之后,因地制宜地提出切实可行的建议和规划,针对不同县域的发展重点,单点入手,循序渐进地突破难题。谈到服务商本地化,不得不说到闻名全国的遂昌模式。遂昌模式是我国第一个服务平台驱动的农产品电商模式,打造了"电子商务综合服务商+网商+传统产业"的发展模式,以本地化的电子商务综合服务商为驱动,创建了县域电子商务公共服务体系,带动电商生态不断发展,促进传统产业的转型升级。其中,本地化的电子商务综合服务商是遂昌模式的核心。2011年3月,遂昌网店协会的部分理事筹资成立了浙江遂网电子商务有限公司,开始启动网商服务的商业链条。遂网电子商务有限公司的本质就是本地化电子商务综合服务商,它以电子商务为基础,打通多个平台,连接线上线下,协同供应商、网商、支撑型服务商和政府等多方资源,为遂昌本地的电子商务发展提供服务与支撑。同时,在遂网电子商务有限公司的示范带领下,遂昌的基础设施支撑性服务商和摄影、网店装修等衍生性服务商也逐渐发展起来。此后,遂昌还推出了赶街模式,组建了一支"县级运营中心＋政府＋赶街服务站站长"的队伍,在每个县设立县级运营中心,负责管理和服务村级服务站;在每个村建立一个村级电子商务服务站,为村民提供便民服务,通过本地化充分地让农民享受到电商的红利。因此,县域服务商应充分学习遂昌模式的成功经验,依据本地特色,整合零散的电子商务资源,充分协调发挥政府和协会等多方社会力量,帮助县域电商长久地发展下去。

2) 整合资源,协调发展

农村电子商务是一个庞大的网络体系,涉及物流、金融、旅游开发等诸多领域,单靠服务商的力量,难以维持。合格的县域电商服务商要拥有资源整合的能力,能够打通链条,与相关产业与支持性产业保持密切的联系,主动协调各方资源,构建协同发展的农村电商生态网络。在地方需要的时候,服务商要既能对接品牌策划的专业团队,又能对接相关物流快递企业等。一方面,服务商要与金融、物流行业以及相关电子商务服务主体积极沟通,争取创业贷款、快递费用等方面的优惠,优化农村电商集群创业环境;另一方面,要整合当地各大快递企业的物流资源,打通从农村到乡镇再到县级物流服务中心的物流通路,将原本由快递企业负责的物流仓储、配送业务整合提升,通过统一的品牌、标识进行运营管理,有效降低农产品上行的物流成本,形成低成本的物流运作模式。同时,服务商要能与淘宝、京东等大型综合性平台达成战略合作协议,利用大平台的资源帮助打响县域农村电商的名气,能充分挖掘县域特色,系统地开发县域农产品电商,打造地方品牌,并与农村旅游相结合,吸引全国各地的游客前来感受乡村特色文化和氛围。联合专业的电商企业,为村民培训电商实操技能,调动村民的积极性,营造县域电商良好氛围。通过服务商的资源整合协调能力,在大量引进要素资源的同时,对县域现有的资源进行整合,最大限度地提高其经济产出率,全面提升农村电商集群竞争力。

3) 合理站位，宏观把控

县域服务商赚钱是必需的，但不能急功近利，钻到钱眼里。要清楚，帮助服务的电商赚钱了，电商服务商自然也就赚钱了。因此，服务商一开始就要找准站位，要做好地方发展农村电商的参谋，做好县域电商发展规划。服务商应帮助政府上层领导人认识电商、了解电商，让地方政府充分认识到发展农村电商的潜力，并为其提出发展农村电商的好建议；进而将整个电商思维扩散传播到各企业和农户，引导传统企业电商化转型，帮助农户通过电商平台销售农产品，带领整个县域的电商走上一条规范的、稳定的道路。当服务商做好农村电商的架构师和操盘手时，也就会赢得更多县域的信赖。除此之外，在宏观把控方面，服务商应该积极承接政府职能转移，弥补政府失灵。尤其是在产业集群发展时，政府往往会因为监管成本高、信息不对称等，发布背离电商行业健康发展的政策措施，以降低政府治理成本。这时，县域服务商就要充分发挥其市场支持作用，利用自身掌握的企业和行业的资源，把握市场需求变化，及时掌握商机。在帮助各级政府进行产业发展规划、产品标准制定、行业统计咨询等工作时，争取基础设施建设、财政补助、电商奖励等政策扶持，进一步推动农村电子商务产业集群，提升当地农村电子商务的整体影响力。

4) 提升服务质量，丰富服务内涵

农村电商服务商一开始就要注重服务质量，树立良好的口碑。农村电商的发展带动了电商服务业的发展，但是其目前还是一个全新的业态，既离不开传统服务，又不同于传统服务，相关配套服务必须要做到位。首先，要加大力度完善基础设施，完善农村电商物流网络，可以依托阿里巴巴、京东等大型公司的网络、技术、人才，或是依托服务商自有资源，在农村设立县、乡、村三级物流服务体系，着力解决农村物流配送"最后一公里"问题；同时，建设物流园，积极引进快递公司深入乡村，与当地电商企业合作，共同解决生鲜农产品冷链运输问题，打造网点全覆盖的物流网络。其次，大力发展培育自身的专业化电商服务内容，开拓物流以外的相关领域，为农村网商提供网店建设、产品拍摄包装、运营指导、市场推广、业务培训等服务，为电商企业提供代运营等服务，深化服务内容，拉长农村电商产业链和价值链。

5) 共享资源，完善服务生态体系

农村电商站点缺乏是制约农村电商发展的因素之一，虽然当前各个县域都在积极推进农村电商服务站点的建设,但是大多站点都是自成体系,资源的共享化程度很低,并且还存在重复建设的问题,造成资源浪费;而物流服务公司也大多使用各自的配送网络,互不共享物流数据信息,不利于整个行业的集成发展。因此,服务商应该充分利用自身资源整合的能力,创建一个全部站点兼顾的物流公司或是综合物流服务中心,推动信息资源的共建共享。除了物流信息的共享,服务商应努力打造智慧农业平台,对接全县域的农产品批发市场、农村合作社、家庭农场、商超等,将收录的销售渠道的联系方式和价格数据,集合形成产品数据库,搭建产供销一体的农村数字农业管理平台。此外,县域服务商要积极推动农村各类服务电商化,完善农村电子商务的服务生态体系建设。首先,可以创建一个本地化服务的电商平台,聚合农村各类优势资源,推动农村与城镇各类服务交融互动,促进农村电商服务业快速发展;资源欠缺时可以依据市场的需求,对周边省市的第三方资源进行招标,引入外地专业的平台运营、营销策划、美工设计等企业,合作学习,提升服务水平。其次,县域服务商帮助电商平台建设农村服务网点,尤其是推动阿里巴巴等知名电商龙头企业在农村建立服务中心,在乡镇、村建立电商服务站点;将农村电商企业、传统产业龙头企业及商贸企业等拉入服务商的体系建设中,多方位提升电子商务服务功能,为农村电商注入活力。

6)注重本地人才培养

很多农村电商服务商运营得好,主要是团队队长领导得好,底下的团队成员大多很配合。因此,服务商要在服务的过程中不断引进和培育人才。引进人才是农村电商刚起步时加快发展的最直接的办法,但是出于对县域电商的长远性考虑,在引进人才的同时,还应注重培育当地电商应用人才,内外相扶,共同推动农村电子商务的发展。要注意在本地发现人才,及时培养提升,重点吸纳返乡创业青年、大学生,使其成为农村电商的专业人才,并逐步延伸为创业团队,并将其培养成县域电商的带头人和意见领袖,让他们为家乡的电商发展贡献力量。

四、支撑篇

8 产品凝练与产业提升

我国是农业大国,"三农"问题是改革与发展的重中之重,也是全国关注的焦点。"十三五"规划中要求农业现代化取得明显进展,将互联网放在关键之处。在"互联网+"背景下,政府更是出台了一系列促进农村电商发展的政策,支持农村电子商务的发展。

农村电子商务主要包括农产品电子商务、农资电子商务、农村日用工业品电子商务、再生资源电子商务。其中,农产品电子商务是农村电子商务的重点,在农村经济发展的舞台,农产品电商是农村经济发展的一剂良药,它能够通过多种途径增加农民收入,增强农民抗风险能力,节省农民开支,改善农民的生活水平。

农村电商能通过多种途径扩大销售市场空间,让农民在市场上获益。具体来说,主要有三种方式。

一是增加农民收入,促进创业就业。通过电商企业、物流企业及相关企业吸引并安置农村就业人口,或通过培训,带动一批农村人开网店创业。农村电商也能促进当地相关产业发展,众多农产品加工企业电商化转型,带动农户增收。

二是通过工业品下行,节省农民开支。阿里巴巴平台数据显示,农村淘宝可在购买生活生产物资方面为村民节省20%左右开支,间接实现电商促进农产品经济发展。农村电商的不断发展,促使农民纷纷开始接触互联网,并通过网络购买种子、农药、化肥、生产工具等,农民在网购时可以有更加多样的产品选择,节约时间且可以比实体店更优惠的价格购买,从而降低农民生产经营成本。

三是促进农村经济可持续健康发展。农村电子商务的快速发展,会给农户带来更多的市场参与机会,同时也使他们能更多地与外界接触学习,不断提高自身发展能力,促进农村经济的可持续发展。

本章将从农产品升级、销售推广以及农村电商模式研究三个方面分析产业电商的基本思路与基本方法。

8.1 农产品凝练

目前,电子商务在我国农村地区应用越来越广泛,其在促进农村经济发展、提高农民收入水平方面发挥了十分重要的作用,但许多地区农村电商发展仍存在许多不足,主要体现在生产经营模式落后、基础设施落后、农产品销售渠道单一、专业电商人员缺乏等方面。大部分农村经济体是"一家一户"的小农生产模式,许多农民不知道如何使用物联网、传感器等新兴科技产品,落后的生产模式导致农产品产量及质量均不稳定。许多农民仍在集市上购买、销售所需物品,并未接触使用互联网来进行农产品的销售,或并不重点发展农产品电商,从而限制了农产品的销售推广渠道。在互联网高速发展的时代,这种方式显然无法满足社会对异地产品的需求,也无法真正地提高农村人民的收入水平。农村地区人才需求跟企业人才需求差距较大,其电子商务人才大多是电商从业人员返乡创业,他们能熟练操作平台,但是缺乏系统性学习,理论知识与实践脱节;而农产品电商从业者大多是当地居民,整体文化素质偏低,电商应用知识和技能匮乏,使电子商务在农村得不到正常的发展。

后示范时代为实现农村电商可持续健康发展,改善农民生活水平,应从以下五方面入手:

1) 改进农产品经营模式

汇集农民"小家小户"的劳动力及土地资源,由合作组织或企业制定科学合理的生产、销售及流通计划,提供技术机械协助生产,按照社会需求合理分配每种农产品的产量,再通过网络广泛宣传。实际上就是细致分工农业经济各模块,并利用电子信息系统进行高效的沟通和协商,使各方都能获得合理的回报。

打造农产品"品牌化"经营模式。在农产品发展的黄金期,支持优质农产品树立自己的品牌,可以实现买卖共利互赢。此时"品牌化"成本相比实体更低,且通过移动互联网建立品牌的效率也更高。另外,大众往往会被品牌中独特的元素吸引,因此可以设计有特色的营销活动,使产品更有故事,提升其附加价值。将品牌口碑打响后,逐渐提升品牌影响力,以此实现更高的营业额,将其转化为市场占有率,带动农村经济的发展。

2）完善农村基础设施

完善农村基础设施建设是发展农村电商的重要任务之一。

首先，优化农村交通运输状况，尤其是地理位置偏远的乡镇。物流体系是农村电商发展的重要支撑，需要加大政策性投资，规划农村公路建设。同时，政府部门可以适当开通电商绿色通道，健全网络体系，加大平台建设投入，为特色农产品电子商务的发展打下良好的技术基础。

其次，加快整合乡村物流体系，建设冷链物流。整合现有物流资源，构建一站式的城乡一体化物流配送体系，提高服务效率。建设好冷链物流设施，保证生鲜农产品等能运向全国各地。例如，宁夏地区就在全区范围内实施了冷链物流项目，支持建设产地低温预冷、低温加工仓储配送、冷链物流集散中心等，为地区特色农产品"走出去"提供了物流保障。

最后，完善农村网络配置，实现有线无线全覆盖，保障信息流的传递，使广大农民及时获取重要信息。

3）因地制宜，凝练产品，发展特色产业

特色产品是满足客户需求的呈现方式。产品不仅是有形产品，也包括无形产品。农村电商产品应该以客户满意为目标，客户认为性价比高，愿意分享和重购的产品才是好产品。

农产品是否有特色是农产品是否畅销的关键，要做到"人无我有"。例如陇南成县在发展核桃产业时就抓准了"老树核桃"果仁饱满、皮薄易剥的特色，同时又不断创新销售手段，开发出枣夹核桃、湿核桃真空冷冻保鲜等产品，成功拓宽成县核桃的市场。

农产品质量是其销售的根本，要做到"人有我优"。拿陇南来说，并不是所有的农优产品都有产品溯源体系等，但是各级政府以及电商企业都在共同推进农产品的标准制定、溯源体系、物流体系等的建设，连同农民群众共同努力完善农产品的售前、售中和售后，使农民增收成为可能。

此外，还需培育壮大当地农业特色优势产业。一是培育本土电商龙头企业。依托地方特色优势产业，打造以网络交易为核心、供应链管理为支撑，技术、金融、大数据服务于一体的电商集群。推动电子商务融入乡村优质产业，融合发展。二是实施电商品牌培育战略。研发适宜网络销售的特色农产品，培育区域公共品牌。三是建立产品质量溯源机制。大力推进农产品标准体系建设和认证，投入建设农产品质量溯源查询系统。例如宁夏地区的农村电商发展就高度依托当地特色产业,充分发挥特色产业的口碑与知名度,精准营销,带动贫困地区特色优质产品"走出去",推动了宁夏地区农村经济新业态发展,实现了电子商务进农村省域全覆盖。

4) 把控产品质量,制定农产品质量统一标准

农产品销售既要注重品质,更要重视安全。农村电商从业者必须树立正确的价值观,遵循规范的电商服务制度,杜绝销售伪劣仿冒产品的行为。同时当地乡政府要建立健全农产品质量安全的相关法律法规,在各地设置食品监察机构,对违反规则的商户严格惩罚,让消费者买得放心。

此外,因许多农产品没有标识登记,不少仿冒劣质产品低价混入市场,扰乱市场价格,导致高质量农产品销售情况不乐观。为此,国家市场监督管理总局应明文规定食品安全各项参数,制定农产品质量统一标准;严格按照市场准入机制执行,禁止"无证"产品混入市场,对通过认证的企业和产品也要进行长期的监督检查。

5) 加快农村电商人才引进与培养

人是生产力发展的决定因素。农村电商的发展离不开专业人才的支撑,农村电子商务人才培养是农村电商发展的当务之急。许多农村电商从业人员对电子商务毫不了解,对开网店的流程、店铺经营等更是一头雾水。因此,政府应统筹各部门资源,组织开展电子商务基础知识和应用培训;同时,支持当地职业技术学校或高校采取订单式培训、岗位实习培训等多元化方式培养专业技术人才,尤其是农业技术人员、农业经营管理人员、农业专业服务人员等,打造出一支既懂互联网技术,又懂生产经营管理的人才队伍,促进农村电商的发展。

政府要制定电子商务相关奖励政策并加强宣传,吸引高素质人才下乡,尤其是现在我国大学生越来越多,农村对他们来说也是一块宝地,政府可以通过配套政策为其解决生活问题,留住人才。此外,还可以通过加强与职业技术学校以及高校的合作,有效节约成本,培养出一批年轻、专业、创新、有潜力的电商人才,解决电商可持续发展的人才需求问题。

8.2 产业提升

互联网的快速发展,使得农产品有了新的营销推广模式。互联网营销可以将

农产品、农民、批发市场及购买者引入新的市场环境,通过多种营销手段,依托电子商务平台,由点到面,进一步扩大农产品的销售范围,全方位扩展农产品的销售渠道。但是,目前大部分农村地区农产品销售推广仍存在许多不足之处,如网络销售效果欠佳、缺少知名农产品品牌、产品宣传效果较差。

从农产品目前的网络销售来看,农村电商平台的销售效果并不理想。一方面,许多农村基础设施不健全、互联网普及率较低、缺乏专业电商人才,导致许多农户产品销售仍依靠地摊、集市销售,农民受益效果欠佳。而且农村人口年龄较大,对新知识、新技术的接受学习能力差,导致无法生产高质量的农产品。另一方面,农产品知名度不高导致农村电商发展缓慢,许多地方缺少知名农产品品牌。当下许多农产品在网上热销,比如盱眙龙虾、安徽韶山黄桃、甘肃成县核桃、梅州金柚。它们热销的主要原因就是知名度高,产品品质有保证,忠实顾客数量较多,顾客回购率高。但大部分农村不会使用电商平台销售农产品,很多地方的果园有苹果、葡萄、梨等,也有散养的土鸡、土猪,客人主要来自本地或周边地区。并且,受天气、季节等因素影响大,产品的质量不稳定,影响长期稳定的销售。

后示范时代发挥互联网销售优势,促进农产品推广,提高产品知名度,应从以下四个方面入手:

1) 拓宽销售渠道,加强售后管理

目前农产品销售的主要渠道是网销平台,以淘宝、天猫、京东等平台为主,而"互联网+众筹"、认购创新了农产品销售模式。众筹,是指用"团购+预购"的形式,向网友募集项目资金、销售商品。认购原是一种购买基金的方式,而电商活动中的认购行为是指消费者在农产品生产之前提前预订,生产主体为消费者生产农产品的行为,在这期间,消费者能随时了解农产品的生产过程。认购和众筹的主要区别是认购能让消费者体验农产品生产的全过程,满足消费者的个性化需求。两种方式都创新了农产品销售模式,在满足消费者个性化需求的同时解决了散户发展电子商务的资金、销售等问题。

此外,农产品电商从业者需加强售后管理,完善售后服务质量。可以设计一个智能小程序,有效收集用户购买农产品后续使用情况及满意度等信息,对于用户反馈次数较多的问题,可以统一回答或者利用公告提示顾客,方便顾客进行浏览。可以开设"微社区",用于顾客进行相互交流、分享产品使用心得,有利于降低商家成本;还可以在社区内发布新产品,征求顾客意见并进行完善,从而提高产品满意度，维持忠实顾客。农产品电商从业者也可借助互联网信息了解最新市场动态，农产品销售情况实时在线，能最大限度地减少农户损失；通过大数据营销，提高产品吸引力，打造农产品中的"网红"，不断增强品牌竞争力，促进农产品电商可持续发展。

2）转变营销思维，提高产品竞争力

转变农产品营销思维，结合乡村旅游，打造差异化的、有竞争力的产品。创新农产品流通渠道，打造"农产品＋旅游""农产品＋微商"的模式。

（1）"农产品＋旅游"

农村电商与休闲农业、乡村旅游高度契合。农村电商让农产品交易电子化，休闲农业贯穿第一、二、三产业，融合农产品生产、加工及服务，而乡村旅游以乡土风情和自然景观为景点，吸引城市居民前来开展旅游活动，是经济发展新的增长点。三者皆围绕农村、农产品开展活动，具有高度契合性。

乡村旅游是加快休闲农业、壮大农村电商、促进农村经济发展的有效途径。乡村旅游产生的食、住、行、娱、购等活动与农业生产、加工、销售密切相关，其带来的人流量能提升休闲农业发展活力，并为农村电商线上线下模式的发展打下坚实基础。重庆潼南就是一个成功的案例，它立足自身资源优势促进休闲农业升级，以"春赏花、夏摘果、秋采菜、冬过节"为主题打造"四季花会"，形成"季季有花、月月有游、季换花变"的休闲旅游格局，壮大了农村电商的发展。

随着农村电商概念的不断外延拓展，农村电商不再局限于农产品销售，还包括休闲农业与乡村旅游电商化，农村电商可以为休闲农业与乡村旅游提供技术支撑和平台，加快它们的网络化、数字化和智能化，挖掘出新的市场，促使其加速发展。

（2）"农产品＋微商"

随着移动电子商务的快速发展，微商作为一种新兴的商业模式，因其进入门槛低、成本低的优势逐渐成为农村电商发展中不可忽视的力量。

当前，以新农人群体涌现和微商平台形成为标志的农特微商悄然崛起，在农村电商发展较为成熟的县域，出现了有赞、有量等微商平台，微商已成为推动农村电商快速规模化发展的强大力量。在政府的引导下，很多地区涌现了一批微商达人，且通过微商销售的产品数量远超大型电商平台，成为农村电商发展的有效补充，尤其对于电商发展相对滞后的县域来说，微商将成为农村电商发展的先导力量。微商在农村电商发展中迅速壮大得益于以下三点优势。

① 用户数量大,传播效率高。庞大的用户量为营销活动奠定了基础。利用微信开展农产品营销活动,不仅可以利用其网状传播矩阵快速高效地传播信息,还可以针对农产品的特色进行宣传,吸引关注,形成购买力。

② 操作简单,进入门槛低。从事微商无需复杂的操作,只要简单的文案撰写、图片拍摄及客服沟通就能完成交易,其投入成本相比大型电商平台要低得多。目前,越来越多的网商和企业开始重视微商渠道的建立和运营,设置专人管理并提供相关培训,极大降低了微商从业门槛,也使操作更加规范有序。

③ 互动性与移动性强。微信是互动社交平台,用户可以通过它进行交流沟通,农户在产品销售的过程中,可依据用户反馈及时了解用户对农产品的需求以及产品推广情况。

3) 改变营销手段,创新产品推广模式

在竞争性市场中,获得顾客的前提是与顾客建立联系,企业要与顾客形成互助互需的关系,尤其是在农产品销售方面。例如,农村电商从业者可以利用短视频创作展现新时代农村面貌,将特色农产品生动形象地宣传出去。视频时长短,符合如今快节奏的生活,且内容丰富,满足了很多城市居民对乡村生活的回忆和向往。通过短视频进行农产品推广,符合新时代网络用户偏好,具有较好的宣传效果。短视频推广具有以下优势。

(1) 与顾客建立关联。自媒体具有巨大的潜力和受众吸引力,短视频已成为与用户沟通交流的桥梁。在抖音上,广西的"巧妇9妹"粉丝数430多万,四川省的"农村四哥"粉丝数565万多,江西赣州的"华农兄弟"粉丝数397万多。他们通过短视频分享互动与粉丝形成稳固的联系,每次上传的视频都有稳定的播放、点赞、评论和转发。

(2) 了解市场反应,精准营销。要想准确定位并快速被顾客记住,经营者要及时地了解客户需求,及时回复,快速响应。而短视频具有实时互动性,能通过互动实时了解用户需求。随着生活水平的提高,人们更加关注产品品质,"绿色""原生态""家养"等标签更加符合消费者需求。农村自媒体创作者通过短视频和直播,可以向消费者展示农产品生长全过程,减少买卖双方信息不对称的问题。同时,社交性质的平台、评论区的评论容易产生从众效应。

(3) 互动性强,关系营销。在多变的市场环境中,与客户建立长期稳固的关系是抢占市场的关键。短视频平台具有社交互动属性,点赞、评论和转发产生共同话题,而共同话题的互动和标签会进一步加深创作者和粉丝以及粉丝与粉丝之间的联系,自动吸引稳固的流量。因此,短视频账号经营者要管理与粉丝的互动关系,凭借个人风格维系粉丝,提高用户忠诚度。

(4)流量转化,实现盈利。对经营者来说,市场营销的价值在于其为企业带来利益。2016年短视频兴起以来,平台一直在进行各种商业变现的探索。随着粉丝的增加和对流量变现认可度的提高,农村自媒体创作者的短视频内容创作会逐渐提高产品推销内容的比重,将用户流量引入电商平台,实现转化。利用这种"农产品电商＋短视频"模式,可以解决很多地区农产品滞销问题,让农产品顺利进入市场,实现经济效益。

农产品短视频营销的成功,吸引越来越多农村人从城市回流到农村,随之也产生了很多问题。一些新的自媒体从业者为了在一开始就获得可观的流量,会模仿关注度和视频播放量高的内容创作者,缺乏内容的再创作。久而久之,这会导致内容市场同质化严重,观众逐渐产生审美疲劳,从而流失,这不利于短视频营销的长期发展。因此,为了缓解短视频内容同质化问题,农村自媒体创作者应努力打造具有创意性、巧妙性的产品,整合资源,提升视频质量,加大模仿难度。视频创作者可搭配多平台组合发布短视频,提升作品曝光率,并且还需要在保持农村质朴、原生态风格的基础上,提升短视频的质感和团队运作配合。

4)抓住消费心理,网络直播带货

网络直播是近几年才发展起来的,刚开始主要是各类服装、美妆等产品,后涉及越来越多的产品品类。网络直播相比一般的网上店铺,消费者可以与卖家直接沟通,更加便捷、全面、直观、立体地了解产品信息。利用直播销售农产品无疑是一种非常好的推广方式,例如,商家可以直接通过直播向消费者展示农产品生产过程,提高消费者对产品的信任度,还可以现场试吃吸引顾客购买。如今,农产品网络直播的有很多,网友关注率比较高,购买率也高,发展态势良好。

网络直播最大的优势就是直观,消费者可以身临其境地感受产品和服务。以往网络直播都是推销成品,而现在通过直播可以对产品生产全过程进行宣传推广,向消费者展现更多产品细节。在种养过程采用网络直播不仅拉近农户生产者与消费者的距离,而且提升了消费者对产品的信任度,同时也提高了其品牌知名度。如江苏省连云港市,近年来,连云港市短视频电商迅猛增长,其在2020年3

月,淘宝公布的全国10大淘宝直播之城中,排名第三。连云港市以"电商＋直播＋产品"的农村电商发展模式,不断将优质产品推向市场,并形成了鲜明的发展特征。连云港市各县区依托地区特色产业优势,已基本形成了以东海水晶、鲜切花、灌云情趣内衣、赣榆海产品、紫菜、灌南食用菌、农机配件、海州蔬果采摘观光等为特色的电商产业分布格局。该市以线上促销为主导,融合线下服务,搭建平台销售贫困地区和低收入农户的优质农产品,助贫增收。

电子商务时代,要想达到事半功倍的效果,农村电商从业者必须充分利用网络宣传产品,利用大数据精准定位目标顾客。利用大数据分析反馈的信息,明确产品细分市场,再根据消费者的消费需求和习惯,将产品信息精准推送,同时利用直播等方式提升产品的知名度,加大营销力度。

目标顾客的需求是网络直播的立命之处。要进行一场成功的农产品直播,首先,直播前要紧扣直播主题确定好内容,文案介绍要突出产品功能、特性,画面要确保清晰、流畅,直播过程中要主动了解观众对产品的需求,解决观众的疑虑。其次,要把握直播的关键,了解清楚直播的目的是什么、观众的需求是什么。直播应当以有效提升品牌影响力为目标,关注消费者的切身需求,让消费者从源头上深入认识农产品品牌。例如可以直播农户在种养基地进行施肥、喷药、采摘等日常管理,增大生产管理信息透明度,提升产品的综合品质。

8.3　产业电商模式研究

1) "电商＋旅游＋农产品销售"模式

该模式线上推出旅游项目,线下带动农产品快销。休闲农业、"三产"融合、乡村服务等将成为农村电商延伸的新方向。乡村旅游是促进农村电商发展壮大的有效途径,乡村旅游产生的食、住、行、娱、购等活动与农业生产、加工、销售密切相关,其带来的人流量能提升休闲农业发展活力,并为农村电商线上线下模式的发展打下坚实基础。同时,农村电商也支撑着乡村旅游的发展。随着农村电商概念的不断外延拓展,农村电商不再局限于农产品销售,还包括休闲农业与乡村旅游电商化,农村电商可以为休闲农业与乡村旅游提供技术支撑和平台,加快它们的网络化、数字化和智能化,挖掘出新的市场,促使其加速发展。如吉林雁鸣湖小山村采取村集体合作社与专业旅游公司合作的方式,通过线上推介,吸引周边及各地游客体验乡村游,全村民宿年接待游客人数达到30多万人次;重庆潼南立足自身资源优势促进休闲农业升级,以"春赏花、夏摘果、秋采菜、冬过节"为主题打造"四季花会",壮大了农村电商的发展。

模式发展路径为以下三个方面:

(1) 充分发挥政府职能,加大政策支持力度,积极培育和扶持新型经营主体。各级政府应加大招商引资的力度,为农旅电商的发展提供充足的资金。政府要发挥监督管理职能,保证投资的稳定性、持续性以及专业性。不断加大惠农政策力度,激发农民参与农旅电商融合发展的积极性,同时吸引更多的企业参与投资,加快促进政府主导、社会协同、农民参与的多主体融合发展。此外,各级政府要厘清政府与市场的关系,避免出现职能越位与缺位的情况,要以农为本,不断完善农民利益分配,促进各主体互利互赢,确保农旅电商融合可持续发展。

(2) 加强基础设施建设,建立农旅电商平台。首先,加强基础设施建设,确保农旅电商服务质量。完善乡村道路建设,确保游客方便进出;改善农村卫生状况,营造乡村美丽环境;加强信息服务设施,推进无线网络全覆盖、全免费。其次,政府牵头建立农旅电商在线平台,确保平台的权威性。建成一个集合多元经营主体、游客、政府部门管理于一体的平台,推进农旅电商O2O模式发展。利用多种媒体丰富网站内容,提供立体的信息互动体验及个性化服务,促进农旅电商高效发展。最后,运用信息化手段,开发农村优势资源,发展形式多样的创意农业、景观农业、民宿服务等;建立智慧旅游服务体系,提升农村旅游服务水平。

(3) 引进和培育农旅电商复合型人才。一是从职业技术学校、高职、高校入手,完善教学体制,鼓励建设农业、旅游、电子商务等相关专业,培养农旅电商综合人才。二是联合社会服务机构,对本土相关经营主体进行培训,提升他们在宣传、经营等方面的能力。三是引进高端人才或专家,帮助农旅电商规划、实施和管理。

2) 集收购、加工、营销为一体的线上线下协同发展的"农户+生产加工公司+直播电商"模式

网络直播最大的优势就是其直观性,让消费者可以身临其境地感受产品及其服务。从农户的生产安全环节,到生产加工企业严格要求产品的包装、分拣、分装、品质把控,提升产品品质,通过对接线下大型商超和便利店渠道,将本地特色品牌农产品入驻助农扶贫超市。电商公司与各大电商平台热门店铺对接,与电商平台以及热门的社群营销机构合作,每月组织举办活动,通过电商平台直播

带货，面向全国粉丝进行定期推广、植入解说相关产品，可在很短的时间内，吸引大批直播用户观看和购买。电商直播带货不仅节约交易成本，还使得销售量大幅度提高，有利于提升各地区特色农产品知名度，形成一条完整、有序的电商产业链。

该模式引导分散的农户小生产转变为社会化大生产的组织形式。具体而言，农户在接受生产加工企业的技术指导下开展生产活动，并与生产加工公司签订合作协议；生产加工企业让农户根据市场需求对农产品进行加工并开展农产品的线下营销活动；电商企业对市场数据进行分析，开展网上营销活动，依托网上直播平台组织直播等。这一模式有效地促进了农产品的销售，对农业增产、农户增收和就业具有重要作用，推动了现代化农业发展。以山西省大同市广灵县斗泉乡刘家湾村为例，电商公司和生产加工公司与刘家湾村70户农民签订谷子收购协议，以高于市场价10%的收购价收购村民种植的谷子，由生产加工公司统一加工包装，电商公司统一在各大电商平台进行网络零售和直播带货，全村基本实现电商扶贫整村脱贫，并产生了10名广灵县电商扶贫带头人、10名优秀站长、10名优秀电商合伙人，充分调动了全县各类主体参与电商发展的积极性。

模式发展路径为以下三个方面：

（1）规范直播营销活动，强化政府扶持培育，严格把关直播农产品质量安全，加大网销农产品品牌保护力度。强化服务保障，推动农业企业与物流企业合作，降低运输成本，全面保障直播销售农产品的分拣、包装、发货等工作。强化技能培训，优化培训课程设计，帮助更多农民掌握直播方法；鼓励开展分享会和直播大赛等，促使交流经验，培育农村电商直播典型。完善农村电商直播基础设施，建设直播电商产业集聚区，扶持一批具有示范带动作用的直播主体，推动直播电商的发展。

（2）企业方面建立产业联盟，农企间建立农业产业化联合体，推动资源、信息共享，通过共同的技术创新、产品研发、品牌打造等，提升综合竞争力。建立从种苗到产品销售服务全过程的标准化管理体系，推动标准化体系建设，实现产业持续发展。建立长效合作机制，加强校企合作，从短视频内容创作、直播技巧等方面提升电商技能，打造持久带货能力。

（3）提升农户自我带货能力。农户相比一般主播对农产品更加熟悉，直播时能解决观众对农产品更为细致的问题，同时，也能减少流通环节，扩大增收空间。

为提升消费者信任度,可将直播场景延展到田间地头,让观众亲眼看见农产品的生长环境。为丰富直播内容,提升直播的趣味性,农户直播时,可讲述产品故事,增加卖点。

3)"农产品生产者＋社交自媒体＋第三方物流＋消费者"模式

随着移动手机、PC终端的普及,农户可以通过微博、微信、QQ以及直播平台,直接展示产品,接收订单并完成。农产品企业可以利用微博、微信等社交平台发布相关产品资讯和服务信息,利用粉丝和社群效应,提高企业产品曝光度。在政府的引导下,很多地区涌现了一批微商达人,且通过微商销售的产品数量远超大型电商平台,成为农村电商发展的有效补充,尤其对于电商发展相对滞后的县域来说,微商将成为农村电商发展的先导力量。

但是,由于社交自媒体平台准入门槛低,从业人员混杂,缺少行业监管,微传销及假冒伪劣商品现象严重,不仅损害了消费者的利益,更是破坏了消费者对微商的信任。因此,必须制定一套行之有效的监管机制,监督和管理从业者的行为,规范其运营机制,促进微商健康有序地发展。

农户或者新型农业主体需要掌握现代信息技术,配备相应的硬件设备,懂得利用社交软件传播产品内容,善于开拓广泛的社交关系。县域政府可以积极推进区域公用品牌建设,提升农产品品牌价值;培育并引进农村电商服务商,建立合作联盟,整合物流资源,降低各环节的运营成本。同时建立有效的监管机制,开展系统化的微商培训,设立奖惩机制,促进农村电商主体提升素质和运营能力。

9 智慧供应链体系建设

在新发展理念指导下,国家大力实施乡村振兴战略和持续推进农业供给侧结构性改革。为了满足人们对农产品消费的个性化需求以及对农产品本身的品质与安全性要求,示范县农村智慧供应链体系构建与优化成为新形势下的一个重要命题。目前,我国在对农村供应链发展现状分析的基础上,综合运用互联网、物联网、大数据、云计算等先进技术,构建了一整套需求拉动型的示范县农村智慧供应链体系框架,并针对我国示范县农村智慧供应链未来发展进行了总结和展望。

2014年,商务部开展了电子商务进农村综合示范县项目,《国务院办公厅关于促进农村电子商务加快发展的指导意见》指出,该项目优先在革命老区、贫困地区发展,即通过电商扶贫、产业扶贫等方式,帮助该地区实现脱贫。在电子商务进农村综合示范县项目中,主要的工作范畴为聚焦农产品上行、建设改造县域电子商务公共服务中心和乡村电子商务服务站点、支持电子商务培训等工作。2014年至2017年,全国四批共756个示范县中,许多县已经完成了该项工作。但是,示范县工作对当地是一项阶段性任务,示范项目的完成只是当地农村电商长远发展的一个新起点。示范项目结束后,仍需保持当地农村电商的可持续发展。2020年,财政部、商务部、国务院扶贫办决定继续开展电子商务进农村综合示范工作,主要从畅通农产品上行和工业品下行、线上线下融合、升级农产品流通体系等层面培育可复制推广的示范模式。在后示范时代的农村电商建设中,应突出农村智慧供应链的建设,从需求入手,整合供应链的上下游,提高农村供应链的效率。

9.1 我国农村供应链的发展历程

1) 农村供应链的发展背景和发展阶段

2017年,十九大首次提出建设现代供应链,并赋予其在培育新增长点、形成新动能上的重要作用,同年 10 月国务院办公厅发布《国务院办公厅关于积极推进供应链创新与应用的指导意见》。2018 年 4 月,《商务部等 8 部门关于开展供应链创新与应用试点的通知》文件发布后,紧接着 5 月 16 日,财政部办公厅、商务部办公厅又联合发布《财政部办公厅 商务部办公厅关于开展 2018 年流通领域现代供应链体系建设的通知》。《国务院办公厅关于积极推进供应链创新与应用的指导意见》首次明确了供应链的定义,"供应链是以客户需求为导向,以提高质量和效率为目标,以整合资源为手段,实现产品设计、采购、生产、销售、服务等全过程高效协同的组织形态"。国务院办公厅发布的《国务院办公厅关于积极推进供应链创新与应用的指导意见》将完善农业产业链纳入重点发展目标,这标志着传统农业流通领域向标准、智能、协同、绿色的现代流通供应链体系转型与升级。

农村供应链的发展主要有三个发展阶段:

(1) 农村供应链早期阶段:以市场为导向的农产品流通领域整合(2006—2016年)

十多年前政府就意识到,产、供、销一体化在商品流通中有着非常重要的作用。2005 年开展的"万村千乡"市场工程便是当时农业产品流通行业的一个重要举措。在"万村千乡"市场工程中,国家安排财政资金,以补助或贴息的方式,引导城市连锁店和超市等流通企业在农村发展"农家店",力争用 3 年时间(2005—2007 年),在全国建设 25 万家标准化"农家店",覆盖 75% 以上的县,形成以城区店为龙头、乡镇店为骨干、村级店为基础的农村现代流通网络,改善农村消费环境,满足农民生产生活需求。在"万村千乡"工程开展的同时,为促进更多农产品以更低的流通成本、更少的流通损耗进入专业农产品批发市场、大型超市甚至跨国公司的国际营销网络,商务部在全国同时开展了促进重点市场发展、重点企业改造的"双百"市场工程。

进入 21 世纪第二个 10 年,我国在引导农产品流通市场建设上更进一步,中共中央、国务院在 2013 年发布中央一号文件《中共中央 国务院关于加快发展现代农业 进一步增强农村发展活力的若干意见》,该文件在保障粮食安全,加速农产品现代流通体系建设与完善综合保障机制等几方面给出了指导性意见,并把提高农产品流通效率,完善农产品市场调控作为发展现代农业的重中之重。

这一阶段主要以市场规范与终端建设引导农产品市场流通发展为主要建设目标,拓宽了农产品销售渠道,增加了农民收入,也让品类更多更安全的农产品进入千家万户,很大程度上完善了我国农产品流通市场基础建设。

(2)农村供应链成型阶段:深化供给侧结构性改革,助推经济转型升级(2016—2017年)

2016年,商务部等13部门发布《商务部等13部门关于开展加快内贸流通创新推动供给侧结构性改革扩大消费专项行动的意见》。2017年,商务部等5部门发布《商贸物流发展"十三五"规划》。两个文件中都提到了内贸流通改革在整个社会经济供给侧改革中发挥着重要作用。

《商务部等13部门关于开展加快内贸流通创新推动供给侧结构性改革扩大消费专项行动的意见》指出,内贸商品(含农业产品)流通是国民经济基础性、先导性产业,也是连接生产和消费的桥梁纽带。推动内贸流通现代化,促进了便利消费、实惠消费、绿色消费、放心消费和品质消费,最终实现推动消费需求扩大和消费全面升级。《商贸物流发展"十三五"规划》则强调了以加强物流基础设施建设、标准化流程体系建设与创新体制为目标加强我国商贸流通行业发展,加快流通效率,最终达到降低物价,促进社会消费的目标。

两个文件的出台标志着农产品流通领域深化改革作用不止于推动农业产业全面升级。以后商品(含农产品)流通领域的全面深化改革不同于传统的"增加投资、扩大产能"的老路,而是通过跨界融合和协同发展,实现供需匹配,促进降本增效,最终实现降低商品成本、促进社会消费,从而成为推进社会经济供给侧结构性改革的重要抓手。

(3)现代供应链建设阶段:农村供应链新纪元(2018年至今)

我国社会化供应链平均成本占GDP的18%左右,欧洲和美国平均占比7%~8%,而日本低至5%~6%。我国正处于从"高成本、高增长"向"低成本、中高速增长"转变的关键时期,受环境和资源的约束,加之土地、人工、资金要素成本不断提升,企业一方面要投入研发,一方面要应对市场变化,不得不面对传统流通领域低效、高成本的分销现状。

财政部、商务部发布的《财政部办公厅 商务部办公厅关于开展2018年流通领域现代供应链体系建设的通知》首次对供应链发展标准给出了具体指标,"重点行业平均库存周转率同比提高10%以上,供应链综合成本(采购、库存、物流、交易成本)同比降低20%以上,订单服务满意度(及时交付率、客户测评满意率等)达到80%以上,重点供应商产品质量合格率达到92%以上,托盘、周转箱(筐)等物流单元标准化率达到80%以上,供应链重点用户系统数据对接畅通率达到80%以上,单元化物流占供应链物流比例同比提高10%以上"。

这意味着供应链发展有了具体指标与目标导向。将来国家对供应链支持将不限于整体规划,而是很可能把相应指标与奖励相关联。

在2016年到2018年发布的供应链政策中,都把农村供应链体系建设作为供应链重要组成部分着重介绍。我们有理由相信,在2020年以后,以供给侧结构性改革为主线,结合互联网、金融、大数据共同发展的农村供应链会迸发出更强的生命力。

2) 农村供应链现状

我国是农业大国,农业的持续稳定发展对促进国民经济持续增长和保持社会安定具有重要意义。我国当前农村供应链流通环节多,信息不对称严重,供应链运行成本高,整合多元化思想、平台思想和客户需求下的新型农村供应链模式已迫在眉睫。

21世纪以来,虽然我国农产品市场供需总体平衡,但价格波动大,物流成本高,市场频繁出现卖难买贵、"天价蒜"、"天价葱"等现象,严重打击农民积极性,损害了消费者利益。这些问题暴露出我国农产品需求缺口不断扩大、人多地少的矛盾加剧的问题,也体现出我国农村供应链建设没有跟上市场需求的步伐。

尽管农村供应链成为理论研究的热点,但是国内农村供应链管理实践发展相对滞后,影响了食用农产品的质量安全,也影响了供应链参与者的经济效益。其现状主要表现为以下几个方面。

(1) 对农村供应链管理的市场导向观念认识不足,难以形成计划、生产、运输、交易销售、服务和监管为一体的食用农产品供应链。大部分农户、经销商一盘散沙,农户生产或养殖的产品直接交由经销商收购,或者直接去农贸市场销售,没有计划性,对市场变化反应慢。生产组织分散,经营规模小,组织化程度低,削弱了供应链组织的竞争优势。

(2) 农村供应链组织中缺乏真正有领导能力的核心企业。在现实的管理实践中,农村供应链的核心企业多是加工生产企业或销售企业。然而,这些企业受自身规模的影响,过多地考虑自己的利益,在供应链中所起的领导作用不明显,这削弱了农村供应链作为战略联盟的整体竞争优势。社会化资源整合能力的不足等使得供应链管理中参与各方处于断裂或较少关联的自流状态,形不成供应链的一体化组织协同运作。

（3）市场竞争的无序导致供应链人为割裂，供应链一体化程度低。首先，农产品市场法律法规建设的薄弱和区域性壁垒导致市场分布的人为割裂；其次，农产品交易的市场体系、交易方式、服务手段建设的落后，很难使全国农村供应链形成统一高效的一体化网络。

（4）农村供应链流通基础设施建设落后。缺乏统一的食用农村供应链质量安全管理信息平台，冷链物流建设落后，农村供应链质量监管体系不健全等，不重视供应链管理中极为关键的信息化平台的搭建，造成信息不对称，从而引起经营成本、管理成本、决策成本、采购成本、运输成本、包装成本、生产加工成本、市场成本无形中被加大和农产品市场价格波动比较大。

3）农村供应链的各相关主体

随着农产品贸易自由化、全球化进程的加快，农产品从最初的生产到最终用户的管理行为日趋复杂，对农产品安全与质量的要求日益严格。在此形势下，农产品的生产经营单位应注重满足消费者个性化需求、降低物流成本、保证农产品安全以及提升农产品质量，由生产者到消费者组成的供应链管理来协调解决这些问题。

一般而言，农村供应链由五个环节组成：生产资料的供应环节、生产环节、加工环节、配送环节和销售环节，每个环节又涉及各自的相关子环节和不同的组织载体。同时，相邻节点企业间表现出一种需求和供应的关系，并把所有相邻企业依次连接起来，由此形成了一个具有整体功能的网络。

目前，我国农村供应链以批发市场为核心，由农民（农产品生产者）、农产品交易商、农产品采购加工企业、农产品分销零售商和物流配送者以及最终消费者组成。据全国城市农贸中心联合会的调查，中国农产品通过批发市场流通的比率超过70%。农村供应链管理是农产品与食品生产销售等组织为降低食品和农产品物流成本、提高其质量安全和物流服务水平而进行的一体化运作。农产品生产的区域性、季节性、分散性等特点十分突出；同时，生鲜农产品又是人们的生活必需品，消费弹性小，具有消费普遍性和分散性的特点。由于农产品的诸多特性，农村供应链具有资产专用性高、市场不确定性较大、市场力量不均衡、对物流的要求高等特点。

现有的农村供应链的运作表明，在其构建的过程中，总有一个企业或一类企业(生产商、供应链商、销售商或中介组织)是供应链运行的主导力量,它们对供应链的各环节影响最大。然而由于存在供应商利用自身收购能力和议价能力迫使小农户竞相压价、农户与市场之间信息脱节、代理人机会主义倾向较大等风险,该模式在一定程度上导致了当前农产品卖难买贵的市场问题。

9.2 示范县农村智慧供应链概述

1) 智慧供应链的概念

现代智慧供应链是结合物联网技术和现代供应链管理的理论、方法和技术,在企业中和企业间构建的,实现供应链的智能化、网络化和自动化的技术与管理综合集成系统。这一概念是由复旦大学罗钢博士后2009年在上海市信息化与工业化融合会议上首先提出的。

可见,智慧供应链是具备更透彻的感应和度量、能够更全面的互连互通,同时进行更深入的智能洞察的供应链,它是将技术和管理综合集成,系统化地论述技术和管理的综合集成理论、方法和技术,它能够最大限度地利用产生于传感器、射频识别(RFID)标签、仪表、驱动器和GPS的数据。整个供应链不仅能在用户、供货商和IT系统之间建立链接,还可以在供应链内的组件、产品和其他用于监测事件进程的智能体之间建立链接。供应链的决策在以下两方面会更加智能化:一是对一系列外部刺激做出实时的自动化反应;二是提高反应速度,增加决策者对行动结果的确定性。

2) 农村供应链的环节

农村供应链是通过控制农产品的物流、信息流和资金流,协调农业生产资料供应商、生产者、经销商和消费者之间的利益,从农业生产资料开始,完成农产品种植、收购、加工、运输、存储、装卸搬运、流通、包装、配送、销售等一系列过程。

传统的农村供应链起点由分散的农户构成,市场意识薄弱、种植方法不科学以及缺少充分的供求信息等问题普遍存在。同时,缺少生产加工过程中的有效监管,也缺乏产品质量安全可追溯体制,消费者的安全难以保障。在传统的农村供应链体系中,农户将产品卖给产地批发商,再由零售商卖给消费者,使得整个供应链冗长,农产品的保鲜度和质量等都难以保障。

农村供应链链条长,流通环节多,各结点之间信息流通不畅,不仅影响了食用农产品的质量安全和供应链参与者的经济效益,而且严重制约了我国现代农业的发展。农村智慧供应链能够通过"物联网"的各种信息传感设备及系统,通过接入网与互联网结合形成一个智能网络。农村智慧供应链代表了未来农产品流通发展的方向,必将为农产品生产、流通的信息化发展带来极其深刻的影响,进而引领现代农业的发展。因此,改善传统农村供应链模式,利用现代信息技术构建农村智慧供应链,发展农村智慧供应链具有非常重要的意义。

现在很多供应链都在倾向于,并且有的已经具备了信息化、数字化、网络化、集成化、智能化、柔性化、敏捷化、可视化、自动化等先进技术特征。在现有业务的基础上,结合大数据和移动应用平台的现有成果,利用先进的物联网技术,推动仓库信息化管理从"一本账"记账向"自动化"作业延伸,在提高公司物流集约化管理水平的同时,也实现了物资仓储管理的规范化、信息化以及智能化操作。

3)农村智慧供应链的特点

农村智慧供应链建设包含"五化"工作,分别是指标准化、运营规范化、管理信息化、作业自动化和协同互动化。通过加大物联网技术、信息化技术以及物流新产品在仓储管理等方面的应用,对供应链进行信息化升级和改造,提高整个农村供应链体系的管理以及运营水平,促进业务协同,满足智慧电商物流管理的发展需求。

(1)参与者众多。农村供应链在产前、产中、加工、运输、销售和最终到达消费者的各个环节上都有众多参与者。从价值流的角度考虑,价值创造过程中环节过多导致成本增加,直接影响了供应链总体利润。同时,多环节参与也直接影响了成员组织的灵活性和适应性,从而影响农产品到达消费者的最终时效。

(2)农村供应链节点间的衔接不畅。目前来说,农村供应链交易成本相对较高,还未形成规模效益,因此在利润分配上不利于企业之间形成供应链合作联盟。同时,从信息流的角度考虑,供应链主体间的信息传递不通畅、不及时,最终导致节点间的衔接问题。

(3)农村供应链对物流要求较高。由于农产品具有鲜活性的特点和较高的质量要求,所以物流特别要求绿色物流,即要求在整个运输、仓储过程中,做到不变质、不污染、不破损。这些要求在一定程度上需要通过精包装、建设专业设备等方式来实现。然而,由于农产品价格较低、体积较大,因此物流成本的投入受到极大限制。

4) 农村智慧供应链链条

农村智慧供应链链条包括农资供应者(种子、饲料、农业机械等经营者)→农产品生产者(农民、农场或生产企业)→农产品加工者(分级、包装、储藏等企业)→农产品经销商(市场营销服务者)→农产品消费者。

(1) 上游农资供应者＋农产品生产者。掌握各地优质的农业原料资源,包括棉花、小麦、玉米等,同时掌握农业生产资料的供应,比如种子、化肥等,既带来稳定的原料供应,又能保证中游农产品的加工。

(2) 中游农产品加工者。进行农业技术的研发,而且利用现代化的加工设备,对农业原料进行深加工,增加农产品的附加值;建立并经营加工基地,巩固了从农场到餐桌的中间环节,便于共享全产业链优势,既能消化部分贸易农产品,又能提供更符合市场需求的产品。

(3) 下游农产品经销商。控制商品流通和销售渠道,直接接触消费者,掌握第一手的市场信息,可以更好地指导和安排生产。根据客户订单,生产定制化产品与批量产品,更好地满足客户个性生产消费需求,增强客户黏性。

(4) 产业链整合。依靠物流系统整合从种子、化肥等生产环节到终端销售环节,打通环节壁垒,向现代化农业转型。

5) 农村智慧供应链存在的问题

(1) 供应链管理体系不健全。农村供应链管理体系不健全,影响了其运作效率。智能供应链系统需要交通运输、政府机关、农户、合作社、分销商等众多实体的参与,同时还需要信息系统、物流管理、数据分析等技术的支撑。但由于实体和领域之间缺乏信息互联,容易产生信息孤岛的现象,导致供应链系统智能化过程中,信息不对称、资源分布不均匀、缺乏统一有序的市场、缺少龙头企业引领等问题严重,影响着整个供应链的运作效率。

(2) 库存物资利用效率需提升。一般县级仓储点较少,且主要用于开展应急物资的储备,功能定位单一;不仅如此,周转库与仓储点还没有形成有效的业务对接流程,周转库的定位模糊,主动配送功能发挥不充分,难以实现定期向施工现场或县仓储点实施配送的功能,导致大量物资滞留在基层仓储点,增加了库存资金占有量,降低了库存物资的周转效率,并形成了库存物资的积压。

此外,由于各级仓库在物资储备管理上彼此独立,因此仓库物资重复储备现象严重。再加上信息共享机制的缺乏,库存里闲置的物资无法被及时有效地调拨利用,导致部分仓库物资积压,而部分仓库却储备不足。受配送费用、人员等问题的制约,运动类物资和办公用品缺少主动配送能力,基本是以需求部门自提为主,同时辅以仓储配送,物资配送管理的效率低,对整个物资配送的过程和状态缺乏有效及时的管理和掌控。

(3) 标准体系不健全。农村智慧供应链的关键技术成本较高,标准体系不健全。仓库作业硬件设备相对落后,空间布局不合理、不科学,有很多库存物资使用的是平面堆垛的存储方式,造成存储空间的利用率低。而拣选与搬运全都是由人工来操作,作业效率低下且人力成本过高,这些因素都制约着物资配送的响应速度和服务水平。以射频识别技术 RFID 为例,RFID 的编码规则混乱,缺少统一的标准。且目前国内 RFID 标签的价格较高,如果应用在价格较低的农产品上,使用成本太高。但如果想要实现供应链全程可控,RFID 标签的使用又必不可少。因此,在降低技术成本的同时完善标准体系的建设,也是实现农产品智慧供应链的关键难题之一。

(4) 仓储管理信息化应用有待升级。在大数据技术应用于仓储管理的前提下,无法及时分析某一特定时期内库存物资的出入库种类、频率、库存量等数据;现有信息系统难以支撑物资供应链全流程的管理,计划、合同、配送、仓储等模块的信息共享程度不高,存在"信息孤岛"现象。

同时,目前一些智慧化的产品,如 RFID、GPS、GIS 的应用还没能普及。而大数据技术在供应链和物流方面的应用又有所缺失,供应链云平台的使用较少,缺乏移动互联网技术的支撑,导致整个供应链体系的信息整合度不高,供应链各节点之间难以实现信息的共享。

(5) 智慧供应链人才匮乏。从目前发展情况来看,我国智慧型农村供应链人才非常匮乏,需要有关企业和机构加强智慧型农村供应链方面专门人才的培训,同时要加强国际化人才的引进与培育,吸引和聚集世界优秀的供应链人才加盟。另外,新业态、新模式的出现,也迫切需要农民转变观念,广泛参与,参加智慧型农村供应链的相关培训。

智慧型农村供应链着眼点在于整个农产品生命周期都与节点客户紧密联系,因此需要通过大量的信息交互。农民要逐渐学会以客户需求为根本,站在客户角度来思考问题,融入供应链管理,为客户提供定制化服务。

9.3 示范县农村智慧供应链体系构建

示范县农村智慧供应链体系构建主要由三个层次构成,包括供应链基础架构层、供应链信息系统层和供应链业务层。

1) 供应链基础架构层

由于农业供应链很长,涉及生产、加工、流通、销售等多个环节,同时涉及的人员和企业众多且分散,农业供应链流转效率不高。对于供应链基础层的架构主要可以从以下四个方面着手。

(1) 生产+销售一体化模式

该模式又可表述为农民供销社+龙头企业+农民。供销社负责联系客户,帮助村民把农产品销售出去,同时有的供销社自身也有基地,也可以根据客户的订单定制农产品;龙头企业或者超市主要是按签订的协议接收农产品。以往的销售都是批发散卖的,没有形成固定的销售渠道,而利用农村供销社的直供平台,把所有符合食用标准的农产品直接运送到实体店售卖,这样一来解决了农产品难卖的问题,也避免了低价竞争的市场,同时城区的市民也能购买到新鲜实惠的农副产品。

(2) 种植+生产+销售一体化模式

在农产品从田间地头到餐桌这一产业链条中,花费时间最长、劳力最多、承受自然灾害等风险最大的种植环节却是收益最少的。对于适度规模种植的农民,以前只管种植,不管销售,销售都是由菜贩来收购。如果市场价格降低,农产品的收购价就会下降,但是菜贩的利润总是会得到保证,这就使得降价的部分是由农民承担。同时,菜贩到田地上收购,也只会选择市场上好卖的农产品进行收购。如果当时的品种在市场上不好销售的话,菜贩要么不会予以采购,要么就是压价采购。在这种情况下,适度规模种植的农产品,只能烂在地头,造成农民亏本现象。采用种植+生产+销售一体化模式可以消除以上弊端,保证农民的收益。

(3) 生产+供应+销售模式——订单农业

产业兴旺是农村发展、农民富裕的前提。以往的时候农村合作社主要依靠大型的商超上门采购,但是由于市场竞争激烈,议价能力不足,订单数量上不去,利润也非常微薄。发展订单农业则提前让农民吃下定心丸。而订单农业的发展,促进了土地的流转,重新配置了土地资源,通过土地规模流转的市场化运作,全场流转土地的产出效益成倍增长,农民收入明显增加,实现了供求双方的互利双赢。一方面,不愿经营土地的农户能够及时转出土地,"进"可以进城务工、经商获得更加丰厚的收入,或被返聘到龙头企业、专业合作社务工,成为农业工人;"退"可以凭借土地承包权,获得每年固定金额的稳定的流转收益。另一方面,投身现代农业、经营有方的农户能够及时获得相应土地扩大生产,实现规模经营,提高土地产出效益,靠土地实现增收致富。

发展订单农业,就相当于将农民生产的销售活动移到了生产之前,按照平等互利、自愿协商的原则,农民作为卖方事先与客户就农产品交易的数量、质量、规格和价格等细则形成具有法律效力的合同。这样,生产的盲目性和价格波动等不利因素造成的影响就会相应减少,使得农民生产的农产品能够通过相对稳定的销售渠道,按照合同规定的价格卖出去,确保了农民能够获得较好收益,增加收入。

以往农民种地既受到环境因素影响,也受到后期市场行情的波动,任何一个环节出现差错,都会让农民受到利益损失。而订单农业相当于让农民提前了解农产品的需求量和价格,既免去了农民种完后滞销的后顾之忧,也增加了自身的收入。

通过发展订单农业,将市场多层次、多样化的需求通过对农产品数量、质量、品种、规格等的具体要求表现出来,为农业结构的调整提供了市场导向。农户按照与客户的订单约定来安排生产,使整个生产结构更加适应市场需求,有效地缓解了农产品供需结构矛盾,带动了农业结构调整优化,实现了农业资源的合理配置。

(4) 全产业链模式

企业通过统一的订单采购和冷链物流运输,能有效解决农村农产品运输难、销售难等问题。同时配备专业技术团队,全程指导各专业合作社和农民进行科学高效的种养殖,全面降低农业生产风险,提高生产效益。

企业通过整合订单、分拣、物流、检验分析等大数据,研发出一个含智慧订单、智能分拣、冷链物流配送、需求数据发布、农产品质量溯源、高清视频监控等的一体化在线智能管理平台,建设成由各种种养殖专业基地、种植养殖大户和农村农产品经纪人组成的系统。

同时,颁布严格的种养殖标准和验收标准,借助高清视频监控系统,确保所有农产品从种养殖、采摘,到运输、检测、分拣、配送等各个环节的全程跟踪,做到食品质量安全可追溯,让农产品从田间走向餐桌,形成产、供、销一体化的农产品营销新模式。

2) 供应链信息系统层

(1) 农产品溯源信息系统

农产品的采购和销售,一直是在一个信息不透明、供求双方信息不对称的情况下进行的交易。这种情况下,会产生两个不好的现象。一方面,最原始地道的农产品,卖不出它应有的价值;另一方面,地道农产品的需求者不清楚农产品的真假,其实比起农产品的价格,他们更关心的是产品品质。而通过农产品溯源信息系统,它可以自动生成溯源标签,这个标签是具有唯一性的。用户在购买农产品前后,都可以通过二维码扫一扫的功能进行溯源,从而了解所购买农产品的详细信息。详细信息包括农产品的外形照片、农产品生长阶段性的视频、农产品产地生长环境、农产品化肥施工监管、农产品质检等,涵盖了产地溯源、流通溯源、销地溯源、检测溯源等,保证了农产品的真实性。

农产品溯源信息系统包括农产品档案信息、农产品生产记录、农产品生产环境、农产品资质认证等信息。农产品档案信息包括生产地、生产时间、生产数量、农户信息等;农产品生产记录指的是对农产品从种植→施肥→生长→采摘的一系列过程的记录,通过视频或图片的形式呈现给消费者,主要包括肥料的记录、农药的记录等信息;农产品生产环境主要是对环境进行实时检测并查看是否符合国家标准和规定;农产品资质认证主要包括农药检测记录、"三品一标"认证(有机农产品、绿色食品、无公害农产品和农产品地理标志)。

(2) 农产品信息整合系统

针对农产品季节性集中上市导致市场供过于求,农产品价格波动频繁、产销信息不对称造成的跟风种植,果蔬品种单一、质量不高导致的市场竞争力低等原因,建立农产品信息整合系统。农产品信息整合系统打通信息渠道,实时掌握市场需求信息。以往农民和农产品生产企业种植什么品种、卖给谁、市场在哪里这些情况都不清晰,而通过农产品信息整合系统能够了解全国市场的需求情况、产品价格等信息,从而实现有目的、有差异的生产,打通产销两端信息,帮助农产品流通企业发现市场机会,让农民和企业通过一张网看清农业产业发展状况。

农产品信息整合系统主要包括生产环节、物流环节、销售环节、采购环节、金融服务环节、上下游企业环节等。其中生产环节主要是对农产品的种植生产进行管理和监控,实时查看农产品的生长状态,同时根据对消费者需求的预测,制定农产品的生产计划。生产企业通过信息化系统采集产品数据,进行可视化产品管理,实现远程产品展示,加快产销对接。物流环节主要是对物流资讯、货源、车源和车辆监控与调度等信息进行共享,一方面可以有效衔接农产品的生产、销售和物流环节,另一方面也方便使用者实时查看和跟踪物流信息,方便双方资源的共享。销售环节主要包含商品搜索和展示、供求信息管理、购物车和在线客服等,一方面方便农户注册信息后就可在后台发布农产品的图片、价格、信息详情,另一方面消费者注册信息后就可在销售平台浏览和搜索农产品,对于中意的农产品,可添加到购物车进行支付购买。采购环节主要是方便采购商远程看货,依托农产品信息整合系统,提供物美价廉的源头产品,避免多级分销的成本增加。金融机构提供普惠金融信息、融资贷款信息等。将供应链条上的所有参与者通过该系统平台进行协作,共享各方信息,从而消除信息壁垒,降低交易成本,提高供应链的效率。上下游企业环节主要包括价格管理、采购管理、绩效管理、系统管理等,能够实现上下游企业之间的无缝对接,真正实现信息共享,抓住市场需求变化帮助企业快速响应。

3)供应链业务层

农村供应链业务层主要包括农产品合格审批、农业供应链金融审批等。

(1)农产品合格审批

农产品合格审批是农产品种养殖生产者在自我管理、自控自检的基础上,承诺农产品安全合格上市的一种新型农产品质量安全治理制度。农产品种养殖生产者在交易时主动出具合格证明,实现农产品合格上市、带证销售。通过合格证制度,将生产主体管理、种养过程管控、农药兽药残留自检、产品带证上市、问题产品溯源等环节全部有效集成起来,提升农产品质量安全治理能力,不断强化生产者的主体责任,更加有效地保障农产品质量安全。

(2)农业供应链金融审批

农业相比其他产业具有一定的特殊性,农产品的生产分散且周期长,收购加工则相对集中,农业受自然因素影响大,传统农业生产销售流程缺少规范的标准,因此在建立农业供应链金融审批的时候,涉及的环节要素复杂,所消耗的时间也相对较长。通过线下结合产业链条去核实信息,熟悉产业情况,包括田间地头、收购加工、物流仓储等各个环节,形成最原始的数据,再将流程规范并固定下来,通过互联网、大数据等相关信息科技手段进行推广。

农业供应链金融审批一是围绕核心企业开展传统的保理业务；二是依托供销体系内的各类平台开展供应链金融业务，比如农产品批发市场、棉花、纱线等产品交易平台，以此服务于在平台上交易的参与方；三是服务于供销系统内通过土地托管形成的规模化农业产业，利用土地流转托管的政策、借助农业保险，通过与系统内加工、销售、仓储等产业结合，把金融服务嵌入农业生产、农资销售、农产品收购加工等整个产业链中；四是与供销系统内的涉农电商合作，近年来各级供销社围绕农产品销售搭建网络平台，并逐步形成规模效应。

9.4 示范县农村智慧供应链系统优化框架

1）需求拉动型 O2O 总体框架

根据我国农业供给侧结构性改革的要求，结合目前我国农产品的消费现状，要求尽量提供个性化与高端需求相结合的农产品；而农产品的商业活动是由电子商务网站的订单驱动的。因此，农村智慧供应链体系框架的构建要分成线上软件平台与线下硬件平台两部分进行。

(1) 线上软件平台

线上的电商平台充分利用用户网上农产品的消费历史数据和可穿戴设备提供实时采集的用户数据，运用互联网、云计算、大数据等技术，实时为消费者推荐相关农产品；基于众包的冷链速递平台结合供应链理念，实行"轻资产"运营，通过"众包"模式极大地盘活了闲散的社会冷链资源，从而优化了冷链资源的配置，使其能发挥最大的效用，更好地实现农产品全程冷链；同时，保证农产品在前端采集的"最先一公里"和末端配送的"最后一公里"的质量安全效用最大化；智能冷库监控系统的使用，也可以保证农产品在储存中的安全和质量。

以智慧型农业供应链协同平台为核心，精确及时地传达人们的需求信息，实时共享需求、库存以及物流信息，引导生产方全面优化生产资源的配置，加速产品创新和技术创新，按需生产，合理安排库存。比如，可利用农产品大数据交易平台，平台两端分别服务批发商、采购商以及服务农民、产地，利用移动互联网、大数据，以及线上线下的撮合服务，帮助农民实现农产品的产销对接，解决农产品交易难、卖价低等难题。又如，移动互联网将生产者和消费者直接连接起来，砍掉中间环节,把更多的利润还给生产者。没有了中间环节,每一个供应商都会为自己的产品负责,为终端消费者提供所需的有机、无公害农产品,而以前的层层验证难题也就"烟消云散"了。

(2) 线下硬件平台

线下硬件平台借助供应链重新规划的独特优势,结合先进的管理手段,以信息技术、物联网技术、智能计算以及控制技术为核心,首先进行冷库选址,选址以形成覆盖全面、配送高效的冷链物流网络为目标;其次,对选定作为冷链物流配送中心的冷库进行一系列智能化改造,形成一个全环节智能化的现代冷库物流点;再次,在冷链配送环节,利用车辆路径优化(VRP)、车辆调度优化(VSP)等智能优化算法规划最优的配送路径,采用虚拟现实(VR)、增强现实(AR)可视化技术实现冷链配送全程的实时监测;最后,智能化改造冷藏运输车辆、智能配送箱以及社区智能自提柜等装备,打造一个高效、智能、自动的智慧冷链物流配送系统。

"互联网+物流"作为一种新型的物流模式正在不断地获取消费者与商家的认可。农产品的产品运输可以吸收优步及滴滴打车的优良经验,开发线上软件,及时提供物流信息与配送信息,载明目的地、行车路线、配送时间等,方便交易双方对物流信息能够及时了解,进行充分沟通。这样不仅能够有效地提高配送效率,还能够大大避免资源的浪费,提高资源的配置效率,特别是对市场上稀缺的冷藏车资源,能使其发挥最大的效能,获得最大的效益。平台服务供应商应当承担物流信息整合、核实供应链两端信息真实性、电子支付、平台技术升级的责任。

2) 农村智慧供应链服务信息平台架构

农村智慧供应链服务信息平台以供应链管理思想为基础,以打造品牌并为消费者提供优质服务为核心,依托互联网、物联网、大数据以及云计算等技术,上游整合农产品供应商,中间整合冷链资源所有者、冷藏运输服务公司,同时引入医疗机构、第三方合作共享数据平台等,下游整合各种不同需求的消费者,对农产品消费服务做好分类,除了基本的农产品消费服务外,农产品消费服务还包括利用用户的历史消费数据,实现智慧推荐农产品等增值服务。

面向用户的功能设计是农村智慧供应链服务体系优化的重点,也是推进农产品供给侧结构性改革,实现用户需求的关键。用户可以利用手机端 App、微信公众号、小程序等访问农村智慧供应链服务信息平台,享受有关农产品的智慧供应链服务。面向用户的功能设计主要包括以下五点:

① 产品类别服务:产品数据库的建立、品类更新、价格更新等。
② 用户服务功能:查询、下单、基本推荐服务、智慧推荐服务等。
③ 呼叫中心:客服咨询、下单、售后、其他服务。
④ 后台管理功能:客户管理、订单管理、客户分析、数据分析等。
⑤ 第三方合作功能:主要与医疗机构、专家咨询单位等建立关联接口。

对供应链商流模式进行创新,并引入 O2O、F2F(Family to Farm,家庭或个体到厂家)供应链,为消费者提供现场监督及农业旅游机会来增强消费者的好感,提高客户与企业之间的黏性。面对市场上中小企业发展的尴尬境地,应当以"市场为主体,政府为引导"为主要的发展方式,根据实际情况不断地调整经营策略,创新经营模式,摸索出属于区域发展的独特道路。

总之,示范县农村供应链的智慧化需要深度融合互联网、大数据和物联网。首先,应用新一代信息技术,打造一批智慧商店、智慧商圈、智慧物流,以供应链智能化为基础,整合批发、零售、物流企业等资源,构建智慧型采购、分销、仓储、配送供应链协同平台。微信可以将手机与智能设备、农业机械相连,用户可通过手机远程操控农业机械,实现智能生产,还可以帮助农民交流分享种植经验,定向推送行业生产知识,提供远程农业诊断服务。通过公众号及手机 QQ 等互联网社交平台帮助公共卫生部门迅速收集信息,及时了解病虫害传播情况,及时做出部署。利用腾讯云的数据储存及计算功能,帮助储存粮食历史数据,动态分析作物生长情况。

随着互联网、大数据和物联网等新一代信息技术的出现,示范县农村供应链开始进入"智慧"时代,"以产定销"开始变成"以销定产",不但减少了中间环节,还加快了物流、信息流和资金流的效率,大大降低了农业生产风险。高达 10 万亿元的中国农业市场,正在发生着史无前例的巨大变化。一场由新一代信息技术引起的农村供应链的颠覆行动,正酝酿着更大的变化。

10 智慧服务体系建设

农村智慧服务体系打造,是农村电商提质增效的重要途径之一。本章重点在阐述农村各级服务站建设现状的基础上,总结成就,梳理问题,剖析原因,进而分析智慧供应链建设的意义,以及建设的基本思路与基本方法,包括大数据平台在农村电商服务体系建设中的具体意义与方法。

10.1 农村电商服务站运行现状及问题的深入剖析

提起农村电商服务体系,人们首先想到的最基本要素就是现有的农村各级电商服务站,因此本文在分析农村电商服务体系的过程中,将首先对农村电商服务站运行现状及问题展开深入剖析。

1) 农村电商服务站建设的外部环境和运行的基本状况

农村电子商务主要表现为通过网络渠道将各种服务嫁接到农村发展,包括农村电商运营体系、配套服务体系、物流配送体系等基础建设。而农村电商服务站点的建设成效对农村电商发展具有十分重大的意义,是打通农村电商"最后一公里"的关键环节。

(1) 农村电商服务站建设的外部环境

农村电商服务站建设的外部环境强调来自农村电商服务站外部的,却对农村电商服务站建设有着重要影响的相关因素。这里我们选择了两个最重要的方面:一是相关政策方面,二是公众认可度方面。本节将主要从以下两个方面探讨农村电商服务站的外部环境。

① 推动电子商务进农村的相关政策,带动电商服务站加速建设。近年来,国家不断加大力度支持农村电子商务的建设,发布了近 30 份推进农村电商发展的政策性文件,2014 年以来连续推进的"电子商务进农村综合示范县"项目就是其中

的重要举措之一。各地政府部门纷纷出台相关扶持政策,支持农村电商服务体系、物流配送、电商园区、区域品牌等方面的建设。政策的逐步落地,引起了各大电商企业的重视,无论是阿里巴巴、京东、苏宁易购等传统电商平台企业,还是以拼多多为代表的社交电商,都纷纷将业务下沉,延伸到农村市场。

随着互联网的高速发展以及农村基础设施的逐步完善,农村网民规模进一步扩大,电子商务在农村的应用率大幅提升,电子商务正逐渐改变中国农村经济发展方式和农民的生产生活方式。截至2020年6月,我国农村网民规模为2.85亿人,在所有网民中占比30.4%。全国农村网络零售额从2014年的1 800亿元增加到2019年的1.7万亿元,规模扩大8.4倍。越来越多的农村居民开始网购,不少农村青年也开始利用淘宝、拼多多等平台销售自家农产品。

"电子商务进农村综合示范县"项目中的重点建设任务是建设电子商务服务站点,其主要目的是解决农村商业网点数量少、商品品类少、消费不便捷、生产性服务匮乏等问题,协助构建完整的农村电商产业链。同时,农村电商服务网点还能为当地和返乡青年提供就业创业岗位,促进农民增收、农业增效和农村发展,全面改善和提升农民的生产生活条件。

据有关数据统计,截至2017年底,电子商务进农村示范覆盖全国756个县,建成县级运营中心1 051个,村级电商服务站点8万多个。加上村邮站、供销E家,以及电商企业在乡村的网点布局,全国建成的村级基层服务站近50万个。未来,农村电商服务网点的覆盖范围会进一步扩大。2019年4月,国务院扶贫办会同商务部、财政部印发了《财政部办公厅 商务部办公厅 国务院扶贫办综合司关于开展2019年电子商务进农村综合示范工作的通知》,实现对剩余有条件的94个国家级贫困县电商服务网点全覆盖。

农村电商服务站或服务网点建设速度日益加快,但总体来看,政策普及程度却不尽如人意,只有少部分农民表示知道电子商务进农村的国家和地方政府相关政策,并且得到了切实的帮助。但很多农民表示对电子商务进农村的国家和地方政府相关政策知道,却并未得到政策补助。这样的农民占多数,除了自身没有关注外,也是政府宣传不到位,信息不对称所致。但仍有对电子商务进农村的国家和地方政府相关政策不知道,但是了解后很感兴趣的农民,还有少数农民对电子商务进农村的国家和地方政府相关政策一无所知,认为跟自己无关。这可能因为农村的社会结构简单,社会流动较少,他们受自给自足的小农经济思想局限。

② 各层次公众对农村电商服务站的认可度方面。这里我们将从农村电商服务站本身运营者、服务对象以及具体业务使用等三个方面,来考察农村电商服务站的认可度。

从运营者对农村电商服务站的认可度方面来说,总体上对大企业或政府牵头的项目,无论是运营者还是服务对象都比较认可。农村相较于城市要封闭许多,传统思想还是潜移默化地影响他们对品牌的选择,看到国家的项目,就算是没有文化的老农,也会选择相信。

从服务对象对农村电子商务服务站整体作用的认可度方面来说,通过访谈发现,主要可以归为以下三类:

a. 是对农村电商服务站非常了解:知道且熟悉农村服务站的各项业务,能自如地使用站点服务进行商务活动,并对农村电商服务站这种形式十分认可。这类人大多是年轻人、有过类似打工经历的人或是经常上网的人,这一类对象在调研地区极少。

b. 是对农村电商服务站知道一点:这一类对象在调研地区较多,他们主要是在平时交流过程中听说过或者曾经经过农村电商服务站,但并没有使用过农村电商服务站中的业务,对这种形式既不支持也不反对。这类人以中年人居多,大多是经常从事农业买卖的人。

c. 是对农村电商服务站完全不知道:这一类对象从未听说过农村电商服务站,仍然停留在自产自销的小农经济圈中,他们的年龄普遍较大,多数是生活习惯基本固定,对于新事物不怎么感兴趣,也谈不上对农村电商服务站的认可度。

(2) 农村电商服务站的运行现状

农村电商服务站的运行现状,是指主观的运行方法、能影响农村电商服务站运行的相关因素。这里我们主要关注盈利收支、客户资源、服务人员、物流配送四个方面。

① 盈利收支方面。农村电商服务站运行的过程中,尤其是单纯的线上业务,其盈利能力表现不是很强,部分表现为收支基本平衡,而利润亏损的却比比皆是。

总体来看,收支基本平衡的电商服务站表现出如下两个方面的特点:一方面,由于各个运营项目的成本较低,基本不存在物资成本,只是付出人力和时间,人力成本主要是收发、搬运快递,时间成本主要是收发快递以及村民咨询业务;另一方面,快递业务和代缴服务的佣金是农村电商服务站利润的主要来源,其他业务在当地很难开展,但对于较低的成本来说,这种收益基本上能保持平衡。

大多数农村电商服务站在运营过程中处于亏损状态,一是由于产生利润的业务单一,在农村电子商务服务站众多的业务当中,只有收发快递和费用代缴业务能产生利润。二是快递、移动支付等替代行业的发展,对农村电商服务站的运营造成不小的影响。在快递村村通政策的指引下,很多快递点开设在农村电商服务站周边,这就严重影响了服务站利润主要来源之一的快递业务;而移动支付的发展更是使得村民在家就可以办理相关业务,也给服务站费用代缴业务带来不小的冲击。三是由于地理位置的限制,村民已经养成了固定的消费习惯,习惯形成后很难改变,久而久之,农村电商服务站的人气就越来越低迷,老板的积极性也降低,最终使得一些服务站几乎处于亏损状态甚至直接倒闭。

② 客户资源方面。农村电商服务站的客户主要是当地村民,极少有外地人员。在相关文献调研的几个村中都存在相同的特征,即老幼人口较多,青壮年人口较少。一是由于我国在不断推进城镇化建设,所以城镇人口不断增加,农村人口不断减少。二是由于社会变迁,传统单一的农业劳动转变为多种方式劳动,很多青壮年以外出务工为重要收入来源,因此,随着农作物种植的季节规律,人口会有所变化。不在农作物收成的季节,村里的青壮劳动力都出去打工了,留下的就全是老幼。

③ 服务人员方面。这里分为运营人员基本情况以及运营人员受训情况。调查中的运营人员大多年龄偏大,极个别30岁以下,一般都在35岁以上,有的甚至50多岁。学历普遍偏低,有的干脆没读过书,或者小学学历,义务教育都没有完成,极个别获得大专学历,基本上学历在初高中左右,本科及以上几乎没有。有的是出去务工不尽如人意而归乡的人员,有的就是以自家超市经营为基础兼顾电商服务站。在农村电商服务站,运营人员年龄大部分在40~60岁,占47%,其次是38%的人在30~40岁,20~30岁和60岁以上的分别占9%和6%。

运营人员的专业性一定程度上决定了农村电商服务站运营的好坏。运营人员可分成两类,主动接受培训的以及被动接受或从未接受培训的。相关文献调研发现,若服务站是自己申请的,老板很大程度上会主动接受培训,学习服务站相关的操作和业务。大多数农村电商服务站是由政府或企业自上而下推广的,然后安排站点老板接受相关业务培训,在这种情况下,站点运营者就很少会主动学习服务站相关业务知识。

④ 物流配送方面。在物流方面主要以 EMS、"四通一达"、顺丰为主。中国邮政因为有国家保障,在运送文件资料时比较受村民欢迎;对于一般的农产品上行或工业品下行,"四通一达"的运用较为广泛,加上"四通一达"的速度快且价格相对较低,整体性价比较高,所以服务站内一般"四通一达"的快递最多;而顺丰快递只在极个别的服务站有。农产品上行时,部分农产品需要保鲜冷藏,且对运输速度的要求较高,需要使用顺丰;工业品下行时,只有贵重物品或加急快递才会发顺丰。

2) 农村电商服务站现存问题及原因分析

(1) 农村电商服务站现存问题

商务部对村镇级电商服务站点的建设明文规定,要求行政村的农村电商服务站覆盖率在一半及以上。但在同一行政村,中央财政原则上只支持一家站点,这就要求地方政府在建设站点的过程中,要对其选址、人员和经营指导等方面合理布局。但是,由于农村电商发展时间短,且地域特征显著,全国几乎没有可直接复制的发展模式,各地都在摸索尝试中,所以站点的建设运营存在诸多问题,与初期目标相差甚远。

现状中也暴露出之后发展的诸多问题,主要包括:

① 运营模式僵化,经济利润微薄。首先,农村电商服务站的设立初衷是为了拓展农产品的销售渠道,同时引入城市商品。但相关文献调研发现,目前服务站的功能主要集中在收发快递、费用代缴等低端业务,它们长时间处于这种功能僵化状态下,无法发挥出其应有的纽带功能。

其次,部分服务站点仅限于帮助村民充值、收发快递,功能单一,不能实现业务叠加,销售实绩不高。农村电商服务站的运营人员,大多拥有双重角色,他们既是商人也是村民。商人精打细算,看重利益;而村民具有一定的小农意识,相对保守。农村电商服务站短期内难以见到很大成效,在大多数服务业务中,又只能靠快递服务产生微薄收入。有的站点负责人更是不熟悉站点内平台的功能操作,很少开展网上代卖、网销农副产品和特色旅游产品,增收渠道狭窄,运营效益不高,所以服务站几乎没有盈利能力,也难以发挥其带动农户发展特色产业致富增收的作用。

② 宣传力度匮乏,政策落实困难。对于运营中的农村电商服务站来说,推广宣传十分重要。在相关文献调研时发现,无论是企业主导还是政府主导的农村电

商服务站,整体宣传力度都不大,在乡村街道两旁以及村民委员会的宣传栏中,相关宣传甚少。在对村民进行访谈时,许多村民根本不知道什么是农村电商服务站,更别说具体有哪些项目和服务了。只有少数村民知道服务站,极少数村民真正使用过站点服务。政府自上而下的推广工作没有做到位,会严重阻碍农村电商服务站的发展。

同时,政策在农村电商服务站发展中的重要性不言而喻,政策落实不到位,会直接阻碍服务站发展。首先,农村电商服务站运营者十分看重政策的导向和倾斜,没有政策的支持,再加上利润低,商家做着做着就消极了。其次,对比后发现,一些农村电商服务站经营者知道有政策,但不了解具体政策;而有些运营者对政策十分清晰,且奔着政策奖励积极运营,最终也的确获得奖励。政策落实不到位的情况有两种:一是相关部门政策宣传不到位,二是村民自身未能积极了解政策。

③ 站点设置重复,地理差异显著。政府主导搭建的农村电商服务站本身不是以盈利为目的的,但是对于企业和个人经营的站点肯定要盈利,而盈利的多少与地理位置紧密相关。作为经营场所,服务站点应位于村民日常活动集中区,有互联网覆盖。但实际建设中,有的县域为了完成指标,选址极其不合理,导致站点的功能难以发挥作用;还有的县域为了赶进度,建设前规划和摸底工作不细致,造成重复建设,浪费了资源。这些县域的政府部门都因为过度看重数量而忽略了质量的提升。

④ 运营者、农民态度消极,工作进程滞后。目前很多家农村电商服务站都已关闭,从运营者的态度来看,多数认为做不做无所谓。在农村电商服务站这个项目上,运营者积极性低主要是因为运营者对其不感兴趣,且具体业务开展较少,做了没有坏处,也能获得微薄的利润。

在建设农村电商服务站的过程中,很多服务站都出现了工作滞后的情况。大部分运营服务站的人员本身就是被动接受了农村电商服务站的工作,一旦进程滞后,就会更加影响他们的积极性。再加上很多农村地区老龄化、空巢化现象严重,很多村镇级服务站由年龄较大的人负责管理,他们不熟悉电商操作,难以支撑服务站的运营。

(2) 农村电商服务站存在问题的原因分析

针对上述农村电商服务站存在的问题,分析出四点原因。

① 农村居民固有的生活习惯难以被打破。我国农村的思想观念还是较为保

守,很多居民受传统消费观念影响,仍然不习惯手机支付,大多数农村居民还是希望买东西时能看得见商品,且即买即用,方便省事。因此,现阶段农村电商服务站的发展还依赖于实体店,邮乐购虽然搭建了电商交易的平台,但是实际使用的人很少。

② 企业与政府之间的信息传递不对称。企业、政府在对接农村电商服务站运营者时,政策类文件一定要传达到位。很多省市,例如安徽省蚌埠市,政府关于农村电商服务站的政策保障是有的,在政府公开的工作文件中关于扶持资金的额度、限制等都有详细列出,但是在实际运营的过程中,大多数运营者反映他们并不知道政府或企业有没有以及具体有多少资金支持,这反映了企业与政府之间的信息不对称问题。

③ 重复资源未及时整合简化。农村电商服务站企业,业务设置重复,普遍设置有网络代购、农资农具、交通出行、费用代缴、金融、快递收发、健康医疗等服务。有的商超中还存在政府主导的和企业主导的服务站并存的现象,有的则是多品牌服务站并存,这些极有可能是政府或企业工作没有做到位,导致重复资源未及时整合简化。

④ 缺乏对农村市场的充分调研。许多农村电商服务站运营者都表示利润太低,能做的业务有限,运营者的积极性难以调动。主要原因如下:首先,业务开展时没有充分调研,没有对周边的客户群体充分调查,了解哪些人是目标客户,哪些人是潜在客户。对于客户关系的管理,商超老板们几乎一无所知,再加上很多村子老人居多,年轻人外出打工,农村电商服务站线上购买的业务无法顺利开展。其次,对于每一项业务没有合理的提成制度。在访谈农村电商服务站运营者时,某运营者表示她不会帮村民代买东西,原因是在网上买的东西若是不好还要退,比较麻烦,还可能影响人际关系。

10.2 农村电商服务站发展的对策

1) 引入先进理念,发展新兴模式

目前,很多农村电商服务站还处于1.0模式,可以借鉴发达地区的2.0模式来优化我们的农村电子商务服务。对于第一批农村电商服务站来说,运营模式比较固定,运营人员也比较少,盈利业务的种类单一,运营者与农户积极性不高。基于此，可以借鉴 2018 年阿里巴巴推出的"天猫直营店模式"。

相较于最先开始的农村电商服务站，天猫直营店除了要有固定的场所和一些必备硬件设施外，还加入了一些例如营业资质、正品保证承诺等要求，融入了智能门店管理系统并加入了零售通平台，门店首选位置摆放天猫直营店的指定商品、天猫爆款或热门农产品。

各县域可以借鉴这一种模式中的个别项目，来提高农村电商服务站的业务范围和运营质量。例如，可以加入消费者协会，承诺假一赔十，提升站点农产品的信誉度，让消费者买得放心；可以引入智能设备管理分析每天的运营数据，保留发展优势业务，改进或抛弃劣势业务；将站点业务细化，政府、企业根据具体业务给予补助，充分提高服务站运营者的积极性；还可以打造独具特色的爆款产品，通过农村电商服务站销售出去，使站点焕发新的活力。

2）加大宣传力度，紧抓政策机遇

第一，农村政府部门要充分意识到农村电商对农村经济发展的推动作用。政府部门要加强国家相关政策的宣传普及，例如在宣传栏中张贴海报，积极营造良好的农村电商氛围，将政策导向开门见山地告诉农民，帮助农民充分理解电商发展政策。

第二，国家为促进农村电商的发展出台了许多政策，农村电商服务站建设就是其中的重要环节。2015 年，国务院发布的《国务院办公厅关于促进农村电子商务加快发展的指导意见》和《国务院关于大力发展电子商务 加快培育经济新动力的意见》中提到，农村电子商务是打开农村市场、促进农村产业发展、提高农村经济水平的重要手段。李克强总理 2017 年在政府报告中强调，一定要完善政策环境，促进电商进农村，推动实体店销售和网购融合发展。2018 年初，中共中央、国务院发布《中共中央 国务院关于实施乡村振兴战略的意见》，为"三农"的发展指明了方向，提供了很多落地政策。在地方县域，也有关于扶持农村电商服务站的具体政策。当然，所有的政策只有真正落到实地，才能在农村电商服务站的发展中起到保驾护航的作用。

第三，政策落实过程中责任要具体到人，商务部和农委要信息互通共享。政策实施最重要的环节就是落实，在落实过程中，相关责任人的积极作为是推动农村电商服务站发展的重要力量，能申请的政策绝不拖拉，积极协调在政策下达中出现的任何问题。

第四,农村电商服务站运营人员也要发挥主观能动性,主动了解学习相关政策,积极主动地去申请有关扶持政策奖励,并落实在实际运营中,从而为农村电商服务站的运营与发展提供切实可行的帮助。

3) 加大管理力度,有效整合资源

农村电商服务站要想长久运营,必须具备良好的管理。在相关文献调研的很多农村,站点运营者表示,他们对农村电商没什么管理概念,只是对有盈利的业务做简单的统计。针对这一情况,企业和政府负责人应引入大型服务站公司的管理模式,引导运营者学习他们的管理模式和经验。同时,管理细化业务。对每一项业务都制定一个细化管理方法和条例,让运营者在管理上更加精细化。此外,政府还要统筹本地农村电商服务站的分布以及建设情况,在确保正常运作的同时,对电商服务站进行整合归并,使农村电商服务站的运转更加顺畅。

4) 把握区位优势,发展特色产业

农村电商服务站的主要目的之一是推动农产品上行。对于普通农产品而言,可以通过服务站实现农产品上行,但是根据现代消费者的购买行为和心理,不难发现现在的消费者更加追求个性化的产品和服务,农产品也要根据时代的变化不断创新特色。

特色农产品的开发对于农村电商服务站而言是至关重要的环节,特色农产品在结合一些网络营销手段后容易被打造成爆款网红产品。只有把特色农产品上行打通之后,才能真正实现农村电商服务站的良性循环。这就需要当地政府和电商企业不断开发挖掘具有当地特色、文化的农产品,为其进行包装,增加产品附加值,形成一条良性循环的链条。服务站各企业的移动端页面也可以设置特色专栏介绍农特产品,并细分产品类目,让消费者快速找到想要的农产品,加快特色农产品上行的速度和质量。服务站可以与当地政府合作,开辟乡镇特色农产品专栏,参照"浙江衢州市特色馆"建设,由政府牵头向淘宝申请建立特色馆,通过一县一特色,集中展现各县特色农产品。

10.3 农村电子商务服务体系建设的总体问题

农村电商服务站是农村电子商务服务体系的一个重要缩影。农村电商服务站运行的诸多问题归根结底是当前农村电子商务服务体系建设整体问题的反映。

农村电子商务服务体系建设的问题可以归纳为以下三个方面。

1) 体系建设问题

农村电子商务服务模式作为一种运行体系,要能够全面发挥应有作用,需要保证整个服务体系的全面性与合理性,只有在满足这一要求的情况下才能够更好地提供各项服务。但是,很多农村地区在电子商务服务模式的建设过程中,对服务内容、服务对象以及供销渠道等因素的探究力度不足,不能发挥相关地区的专有优势,导致服务的供给内容单调,当服务缺乏辨识度时,提供的服务质量自然会大打折扣。另外,在整个服务体系的建设过程中,需要能够实现硬软件的有效对接,当整个服务体系中的各项内容都能够被有效融合时,才能够保证整个服务体系的完整运行。

2) 技术支持问题

要保证电子商务服务体系能够发挥应有作用,自然需要大量技术方面的支持。这些技术包括互联网技术、用户需求获取和分析技术、服务内容分析技术等多个方面。事实上,这些技术也是电子商务服务体系中的软件体系。但是,在当前很多区域的农村电子商务运行和发展中,技术支持体系存在较为严重的问题,最重要的体现为网络系统建设不完善,导致农村的电子商务系统运行速度较差。另外,在整个电子商务体系的运行过程中,还需要派遣专业人员对整个系统进行定期维护和优化,保证整个系统能够处于最佳运行状态,但是在当前的农村地区电子商务发展中,这一方面的工作情况较差。

3) 服务种类问题

相较于城市,农村地区在很多方面都有其独特的魅力和优势,通过对这些优势的剖析,能够指导农村地区建成更为科学的服务类型,从供给侧的角度提高服务质量,从而让农村地区的经济水平获得提升。但是,在当前的很多农村地区中,提供的服务类型过于单一,常见的为农家乐,农产品生产、加工和销售,旅游资源浅开发等形式。可以看到,当前的服务类型多是从硬件的角度进行建设和优化,对其余方面内容的涉及程度较浅,当前的服务种类过于单一,并且很多服务内容同质化严重,导致电子商务体系发挥的效果大幅下降。

10.4 服务驱动农村电商成功的典型案例分析

农村电商服务体系虽然存在着诸多的问题,但是在实践过程中,依靠服务驱动农村电商成功的典型案例却非常多,可以从中提取经验,为农村电商服务的加强提供思路。

1) 浙江省遂昌县

遂昌县地处浙江西南部,全县总面积2 539平方公里,山地面积占比88%,素有"九山半水半分田"的说法。遂昌是典型的山地县,工业经济一般,只能以农业为主,但正是其独特的自然环境造就了丰富优质的农林特色产品。

2005年起,遂昌县就有人网销农产品,那时发展零散。直到2010年,在政府支持下,遂昌网店协会成立,摸索出了以农林特色产品为主、附带多品类协同发展、城乡互动一体化的"遂昌模式"。2013年初,"淘宝网遂昌馆"上线,下一年"赶街"项目推出,农村电商全面激活。据阿里研究院数据统计,到2014年,遂昌县以农林特色产品为主的电商交易金额就达到了5.3亿元。

遂昌模式的核心是服务,该服务由遂昌网商协会下的服务中心提供。服务中心制定实施农特产品产销标准,设立网络分销平台和产品展示厅,为分销商提供标准化的货源管理,整合商品信息、仓储运输、发货及售后服务,降低了技术和资金门槛,实现零库存经营,推动整体效率的提升。在一些发达地区,电商大多是在成熟的工业产业基础上发展起来的,而遂昌模式的可贵之处在于,通过发展电子商务带动了当地农林特色产业的发展。

遂昌模式可复制性较高,但要注意的是,"网商服务中心"作为遂昌模式电商生态的关键,一旦出现问题,将导致其他环节无法正常运行。

2) 吉林省通榆县

通榆县隶属吉林省白城市,地处偏远、交通不便,电商基础薄弱。但其位置恰好位于北纬45°,是世界仅存的三大黑土地之一"东北黑土区"。

通榆模式与遂昌模式很相似,但通榆更注重品牌。2013年末,在县委县政府的大力支持下,通榆县成立了"云飞鹤舞"电商公司。它一方面联系生产方、加工方整合货源,一方面通过淘宝平台销售。只用了一年时间,它便被阿里巴巴纳入"千县万村"发展战略中。

通榆模式的成功,除当地政府的全力配合及支持以外,关键在于它为所有农产品注册了统一的品牌,产业链全程实现标准化运作。同时与知名电商平台合作,签订"源产地直销"协议,将品牌影响力进一步扩大。

需要注意的是,首先,"云飞鹤舞"是整个生态链中的"单一故障点",影响着通榆模式的发展。其次,通榆模式依赖强大的品牌和有实力的企业,不适合小网商众多的区域。最后,农产品品牌化要有一定的集约化和规模化的耕地,才能保障效率和产量。

3) 甘肃省成县

成县隶属甘肃省陇南市,虽然工业经济较差,山地较多,但是冷暖适宜,物产资源丰富。值得一提的是,这里有着大约 50 万亩的核桃林。

成县的电商发展与县委书记的宣传密不可分。他由于频频在微博叫卖家乡的核桃而被称为"核桃书记"。在其带领下,全县干部开通微博、微信,以成县核桃作为单品突破,通过政府的信用背书有效提高成县核桃的知名度,进而带动其他农产品销售,互利共赢,由点到面,逐个推广。这种电商模式适合有特色农产品的地区。

需要注意的是,这种小网商大规模发展往往后续竞争力不足,容易出现批量死亡。政府应及时出台应对政策,做好引导工作,扶持小网商创业,带领当地电商品牌化、集群化发展。

4) 经验总结

总体来看,以上各县域政府在农村电商建设过程中,逐步认识到大数据的价值,并依据大数据做出科学预判和决策,利用大数据调整本地农村电商产业,发展精准农业。同时,也能看到部分企业利用大数据调整生产和销售状态,实现电商精准营销。通过大数据的变现,其价值得到挖掘,示范县建立本地化的电商大数据中心也受益匪浅。农村电商服务体系应布局农村电商大数据,通过监测主流电商平台,捕捉农产品市场的变化,帮助农业生产者、企业和地方政府进行定价和供需分析,调整营销策略。大数据在电商服务领域的应用,即后示范时代的农村电商智慧服务体系建设迫在眉睫。

10.5 利用大数据加强农村电商服务存在的障碍、重要着力点、基本思路和保障措施

1) 利用大数据加强农村电商服务存在的障碍

大数据在农村电商服务体系中早已逐渐渗透,得到应用。在 2017 年,商务部就要求农村电商示范县与"农村电子商务和社区商业信息系统"对接包括农村电

商销售额、服务站点、物流体系、人员培训、资金使用等在内的数据,还要求建立本地农村产品数据库。但目前利用大数据加强农村电子商务服务仍存在着些障碍,主要表现在以下几个方面。

(1) 认识和意识不足。有些地方政府对于发展农村电商的认识不到位,把电子商务等同于网络零售,没有大数据思维和合理的顶层设计。

(2) 数据采集、存储和分析能力不足。对于大部分县域而言,数据采集、存储和分析应用都处于初级阶段。乡村物流配送网点和乡村级服务站点是产生数据的源头,工业品下行的快递信息反映本地消费状况,农产品上行的快递信息反映本地农产品的市场占有率。完全可以通过采集这些数据,记录本地经济发展状况、农产品生产加工条件、居民互联网消费能力、市场与产品物价等情况,收集第一手真实数据。遗憾的是,部分县域没有数据采集的意识,使得数据白白浪费,分析和应用也无法实现。

(3) 盈利模式不清晰,应用场景少。大数据市场目前还在初级阶段,大部分公司投入多,收益慢,业务场景还需丰富,前期靠地方政府投入补贴,以公益性数据服务为主。

2) 利用大数据平台加强农村电子商务服务的重要着力点

(1) 用户需求分析。供给侧结构性改革并不单纯指对供给侧中的产业结构、产业运行体系等内容进行完善和优化,还需要对市场信息进行调查和分析,在此基础上才能够保证整个系统更好发展。通过对用户需求的研究和分析,能够更好地对供给侧的产业结构进行调整,通过大数据技术,能够对市场信息、用户需求数据进行大量广泛收集,结合云计算技术,对市场发展信息和用户需求进行深度剖析。例如通过对大数据技术的应用,发现当前市场上对某种水果的需求量较大,在发现这一情况后,需要进一步开展数据收集工作,收集的数据内容包括该种水果的市场需求历史数据、产地气候环境、人均消费数额等,对该种水果的今后很长一段时间的市场需求情况进行预测。当发现在未来时间内市场需求居高不下时,可以开始推进对该种水果的培植工作,尽快提升市场份额,提高竞争力。需要注意的是,在该过程中也需要探究农产品与当地气候环境的适配程度。虽然当前可以通过温室大棚等方式对一些农产品进行异地培育,但是一些作物对土壤类型、微量元素等有独特要求,对于这种作物基本不考虑进行大面积培植。

(2) 服务类型扩展。我国农村在地理环境、人文环境和历史底蕴方面都存在一定优势,虽然电子商务在当前多用于网上销售,但是在今后的发展中,电子商务的概念会适当放宽,例如通过产品和服务宣传,让客户到相关区域旅游也可归类于电子商务体系。本文为了体现服务模式研究中的前瞻性,在具体的研究中也按照这种方式对服务类型进行了扩展。广西河池当前的电子商务体系为建成农产品生产、加工、物流、销售的一体化体系,但是从整体上来看,未能展现该区域的人文环境和历史底蕴。在今后电子商务服务体系优化过程中,需要对当地的特点和优势进行深度分析。一方面可以将这些内容融合到销售的农产品中,例如,个体客户的购买量达到一定数额后,赠送能够体现当地文化的手工艺品;另一方面为开发旅游资源。大数据技术在该过程中发挥的作用为通过对当地各类数据的分析,探究该地区在运行和发展中具备的独有优势,同时对市场信息进行分析和整理,了解客户的心理预期,提升金额配置的科学性,在提升服务质量的同时,也能够带动第一、第二和第三产业的共同发展。

(3) 服务体系完善。在农村电子商务体系的运行中,服务体系可以被视作最重要的内容,但是由于不同的客户预期和思想存在很大差异,从客户的角度建设服务体系很难覆盖所有类型的客户,所以在服务体系的完善过程中,需要从供给侧的角度出发开展各项工作。在具体的工作过程中,可以应用大数据技术对农村相关地区的服务体系建设情况进行分析和总结。当发现整个服务体系中存在问题时,要分析该问题的产生因素和引发的后果,开展对工作人员的培训工作。另外在该过程中,也需要对客户的需求进行整体性分析,通过横向对比的方式,对服务体系进行完善。例如在大数据技术的应用中,发现客户的关注重点为农产品的质量,但是当前该地区提供的农产品在质量上与客户的要求存在一定偏差,在后续的发展中,需要建成对农产品质量的抽查和加工管理体系,全面提升农产品的质量。

(4) 服务思想培养。在农村电子商务的运行和发展中,当从业人员具备很高的服务思想时,则能够更好地开展各项工作,所以在电子商务体系的构建中,也需要对从业人员的服务思想进行培育,从根本上提升服务质量。在服务思想的培养过程中,需要做到有的放矢,所以在服务思想的培养过程中,需要应用大数据技术对当前整个体系中从业人员的服务思想进行探究,找到当前从业人员在服务思想方面存在的问题。大数据技术收集的数据包括工作人员在单位时间内完成的订单、客户投诉次数等服务质量因素,在完成对个人的数据收集后,从整体上分析整个系统的服务思想情况,提高电子商务体系的完成程度。在完成对服务思想存在问题的研究工作后,需要开展对工作人员的培养工作。具体的培养内容可以从两个方面开展:一方面为整体性培训工作,具体的培训体系需要根据当前系统中存在的不足进行制定,这种整体性的服务思想问题,通过集中培训的方式就能够达到很好的培训效果;另一方面为个体性的培训工作,当发现个体的服务意识和服务思想存在严重问题时,可以应用大数据技术向相关人员发放针对其存在问题的培训资料,并通过该项技术对相关人员的学习效果进行监督和调查,以提高该工作人员的服务质量。

3)利用大数据平台加强农村电子商务服务的基本思路

(1)服务核心内容方面。工作重点应为农产品供应体系,通过互联网建成全产业链的各环节相互衔接的体系,从整体上来看,服务的核心内容集中在农产品方面。

(2)体系建设方面。在电子商务体系的建设中,会建成线上和线下融合的公共服务体系,在整个体系的运行中,将会提供技术培训、品牌建设等多种类型的服务,达到提升从业人员工作素质的目的。

(3)服务质量方面。服务质量的提升包括三方面内容。首先是产品质量,在服务站点的建设中,建成针对农户农产品的检测体系,并且也对当地农户进行培训,让农户能够提供质量更高的农产品。

其次是服务交流,从业人员只有能够与客户进行合理交流,才能够更好地向客户介绍相关产品,通过提高服务质量,让电子商务体系更好发展。

最后是物流渠道,建设物流中心,保证农产品能够在3天之内从田间进入物流中心,解决"最先一公里"问题。

(4)服务培训方面。吸收大量优秀人才,并建成大学生村官体系,在这些高素质人才的带动下,当地农户能够主动参与到服务培训过程中。另外,应以龙头企业和创业带头人为重点培养对象,让其能够提供更为优质的服务。

4)利用大数据加强农村电子商务服务的保障措施

(1)提升对大数据的认识和意识。要从本地资源禀赋、产业基础等情况出发,理智对待。可以先梳理本地农村产品数据库,建立本地电商大数据中心,引导调整本地企业的经营思路和方向。如云南省重视大数据产业的发展,要求2017年示范县建立本地电商大数据中心,并纳入考核内容。

(2)加强数据管理机制的建设。成立数据管理部门,如贵州、四川、山东等地方建立大数据管理局。完善数据统计制度,如物流数据和电商销售数据的统计制度等,确保数据不流失。

(3)加强公共服务体系建设。通过政策扶持,引进大数据服务公司,为政府部门、企事业单位和新农人提供数据服务。如贵州省成立"物流云"大数据系统,汇总全省物流数据,服务本地产业发展。

11 人才培养与创新创业

电子商务经过多年的快速发展,已经成为国家社会经济建设的一个重要组成部分。电子商务为企业和个人带来了新的机遇和新的挑战,它改变了企业的商务活动方式和人们的消费方式。如果说昨天的电子商务还沉湎于网络和信息化过程所带来的变化,那么今天的电子商务则更强调它所衍生出的创新、创意、创业及所产生出来的巨大社会经济效益。同时,中国的互联网基础环境进一步优化,据CNNIC 统计,截止到 2020 年 6 月,我国网民规模达 9.4 亿人,互联网普及率达 67.5%,手机网民规模达 9.32 亿人。在此背景下,中国的电子商务市场规模进一步放大,持续引领全球。据统计,2019 年全国电子商务交易额达 34.81 万亿元,其中网上零售额 10.63 万亿元,同比增长 16.5%。

电子商务产业的发展,离不开电子商务人才的巨大支撑。为满足电子商务产业发展,近年来,国家通过各个相关层面,开展电子商务人才的培养。本科教育、职业教育、社会培训等各种人才培养模式百花齐放,为国家输送了大批不同层次的电子商务人才。据统计,2019 年,我国电子商务从业人员达 5 125.65 万人。

然而,随着电子商务产业的进一步加速发展,电子商务人才短缺的问题日益严重,亟待政府、高校、企业等在全面思考的基础上,多方筹措资源,加大人才培养力度,以满足电子商务产业发展的需要。

11.1 传承与创新:梳理电子商务人才培养脉络

1) 高等教育稳定推进,培养了一批高层次多梯度人才

教育部 2000 年开始批准在全国部分高校试开电子商务专业,电子商务专业已成为我国高等教育专业建设中发展速度最快的一个专业。目前,全国 544 所本

科院校开设了电子商务专业，1 250所高职院校设有电子商务专业，在校生约50余万人。高等教育为社会输送了一批高层次多梯度的电子商务人才。

特别的是，在教育部颁布的《普通高等学校本科专业目录（2012年）》中，电子商务已由专业方向提升为学科门类——电子商务类（学科代码：1208），从中可看出国家对电子商务的重视。

同时，教育部在全国遴选和聘请电子商务专家，成立高等学校电子商务类专业教学指导委员会（简称"电商教指委"）、全国电子商务职业教育教学指导委员会（简称"电商行指委"）。这两个委员会接受教育部的委托，协调高等学校电子商务专业资源，开展高等学校电子商务的研究、咨询、指导、评估、服务等工作。

2）继续教育快速发展，培养了大量宽口径技能型人才

电子商务人才继续教育是电子商务人才职业培训和知识更新的重要环节，是衔接电商人才从校门到岗位的桥梁。目前，全国各类电子商务培训机构每年培训电商人才数百万人次，培养了大量宽口径技能型人才，为电子商务产业的发展提供了一定的人才支撑。

电子商务人才继续教育工程，全面开花，有政府主导的各类讲座型培训，有社会培训机构开展的系列培训，有企业内部商学院举办的能力提升工程。这些培训都为我国电子商务产业的发展输送了不同类型的人才。其中，中国国际电子商务中心培训学院，作为人社部批准成立的国家专业技术人员继续教育基地，通过在全国建立培训分院，点面结合培养大量电子商务人才；以电子商务讲师为抓手，通过开展农村电商讲师、电商精准扶贫讲师培训等手段，培养了一大批高水平的专项讲师，鼓励其下沉农村开展教学，进一步优化农村电子商务人才培养的环境，助力农村电子商务发展。

3）人才市场多点开花，搭建了一批多层次高效能平台

电子商务人才市场是电子商务人才就业的重要渠道。目前，我国电子商务人才市场多点开花，出现了线上线下相结合的多种模式。线上方面，出现了如中国电子商务人才网、中国电子商务网等一大批电子商务人才就业平台，快捷地对接了校企资源。线下方面，各级电子商务协会与学会、各地人才交流市场均涉足电子商务人才的就业工作。这些行业协会，熟悉企业需求，在电子商务人才对接方面，发挥了巨大作用。同时，高校作为人才输出的重要平台，每年均举办多场人才市场，有力地解决了电子商务人才的输出问题。

4）教材建设齐头并进,建设了一批多维度多系列资源

教材是电子商务知识传授的重要载体。目前的电子商务教材,呈现形式多样化,纸质教材、网络教材、视频教材、新媒体教材、新业态教材等建设齐头并进,呈现出典型的立体化趋势。据统计,全国581家出版社,近年来围绕电子商务专业培养方向,出版了电子商务技术类、电子商务服务类、电子商务法律与金融类等一大批电子商务教材,并通过建设国家级、省级规划教材、重点教材等方式提升建设水平。同时,各级社会培训机构,也积极加入教材的编写中,出版了大量针对性强的培训教材。

5）创新创业融入主流,举办了一批高质量有影响竞赛

当前,"大众创业,万众创新"已经成为社会的主旋律。电子商务作为创新创业的重要抓手,"以创新引领创业,以创业带动就业"已经成为电子商务应用新模式。为了促进高校学生能力的提升,国家举办了一批高质量有影响的学科竞赛,如中国"互联网+"大学生创新创业大赛、全国大学生电子商务"创新、创意及创业"挑战赛、"挑战杯"全国大学生课外学术科技作品竞赛、"创青春"全国大学生创业大赛等,每年参与学生人数达数百万,有力地推进了电子商务专业知识的转化。

6）资源整合渐入佳境,推进了一批协同化一体化载体

发展电子商务的关键是人才。电子商务人才的培养,需要多要素、多资源的有效整合。近年来,政府、高校、企业等均积极参与人才培养,各种资源开始有效整合,"政、产、学、研、用、培"六位一体的资源整合思路逐步清晰,电子商务人才培养的协同化一体化教育格局逐步形成。如中国国际电子商务中心联合地方政府、合作机构等,2016年开始连续举办中国电商讲师大赛以来,累计吸引全国2 000余名选手报名。大赛对于推动电商人才培养、电商事业发展产生了巨大的社会影响力。

然而,电子商务产业发展迅猛,其对人才的需求,也在随时发生变化。随着我国电子商务产业新一轮的高速增长,与产业增长相适应的电子商务复合型人才储备却明显不足。

电子商务人才培养中出现的就业方向尚欠明晰,企业参与度尚待提升,教学资源尚待加速完善,电子商务人才流向尚待均衡等问题,已经严重影响了电子产业的发展,亟待从国家层面统筹考虑,在充分调研的基础上,联合多家部委,出台国家级电子商务人才培养的指导意见,规范电子商务人才培养模式,加大电子商

务人才培养力度,为我国电子商务产业的可持续发展保驾护航。

11.2 问题与矛盾:剖析电子商务人才供需结构

1) 互联网模式加速演化引发电子商务供需新变革

(1) 技术进步与模式创新,促进电子商务多维度融合

① 互联网业务的加速变化,大数据、人工智能等数字技术与电子商务的加快融合,构建了更加丰富的交易场景。互联网业务的加速变化,为电子商务提供了加速发展的前提。电子商务是互联网时代对人们的生活影响最大的领域之一,它改变了人们的消费方式。电商的普及和电子支付的崛起,让互联网营销的作用扩大。许多互联网企业都借助互联网营销获得了极高的知名度,走上了发展高峰期。典型企业的互联网业务的变化,如表11-1所示。

表 11-1 互联网业务的变化

企业	原本业务	现有业务
Apple	PC 制造商	智能手机、计算机、平板电脑、媒体市场、云服务等
Google	在线搜索引擎	在线搜索引擎、广告生态体系、网络浏览器、移动操作系统、数字食品平台、内容市场、移动+互联网设备制造商、导航工具、生产力软件、云服务、虚拟现实软件等
腾讯	即时沟通平台	即时通信平台、游戏、内容生态系统、社交网络、广告生态系统、支付、数字视频、音乐平台、云服务、投资快手短视频
阿里巴巴	B2B 商务平台	全球 B2B、B2C、C2C 商务平台,新零售,广告生态体系,支付,云服务,物流数据平台,数字媒体＆娱乐平台,内容生态体系,内容制造者,网络浏览器
今日头条	新闻资讯平台	新闻资讯、短视频平台包括抖音、火山小视频

大数据技术是以数据为本质的新一代革命性的信息技术,在数据挖潜过程中,能够带动理念、模式、技术及应用实践的创新,推动大数据在各行各业落地,将带来巨大的增值价值。近年来,互联网大数据技术的进步,促使了淘宝、天猫、京东等电商平台更加精准地为顾客投放广告和产品,同时,对于新媒体营销,如抖

音、快手等小视频营销中,大数据技术精准地分析客户的喜好,极大程度地迎合了消费者的需求,因此,技术的进步促使电子商务供需新变革。

另外,人工智能的发展也促进了电子商务的变革。人工智能属于技术性学科,通过模拟、延伸并扩展人的智能,来实现脑力劳动的自动化操作。人工智能技术以智能化技术为核心,在此基础上研发出与人类脑力劳动相似的智能机器,比如机器人、语音世界、图像识别等,能够在接收控制命令后做出即时反应。目前,从人工智能技术在电子商务发展中的应用来看,数据仓库、数据挖掘以及生物认证技术,使得电子商务的智能化与人性化水平不断提升,通过各种人工智能刷脸、智能助手等功能实现电子商务的便捷化,使电子商务的发展具有技术支持。

② 线上电子商务平台与线下传统产业、供应链配套资源加快融合,构建更加协同的数字化生态。首先,线上电子商务平台与线下传统产业融合,其中推广与信息服务是最初级的一种电子商务融合传统产业的方式,传统企业将自身的商务信息发布到电商性质的平台,或电商平台帮助传统企业推广产品。在此种形式中,电商企业的本质是媒体。其次是电子商务平台租用,这也是目前较流行的电子商务合作形式。企业无须自建平台,只需购买或租用大型电商平台的店铺。这种模式最典型的就是阿里、天猫、淘宝等。企业可租用阿里店铺从事企业对企业(B2B)交易,租用天猫从事企业对消费者(B2C)业务,租用淘宝从事个人对个人(C2C)业务。线上电商平台与线下传统产业融合,促进了电子商务供需的变革。

另外,线上电子商务平台与供应链的结合,构建了更加协同的数字化生态环境。供应链管理是资源最优化配置、劳动效率分工的模式和思维,在本质上不同于企业传统管理模式。电子商务技术在企业管理中的推广及使用,使供应链管理获得了新的定义。基于电商的供应链管理已成为众多企业发展战略的重要组成部分,并以此对相关业务及流程进行匹配调整。为更好地促进成员间的协作,提高整体效果,供应链管理要求调整管理流程,进而提高信息资源共享效果,提升对资源的综合利用效率。因此,线上电子商务平台与供应链的结合,构建了更加健全的数字化生态,促进了电子商务供需的变革。

③ 移动支付全面普及,线下零售高效介入互联网体系,无边界时代来临。据CNNIC统计,截至2019年12月,我国市场上监测到的移动应用程序(App)在架

数量为367万款,我国本土第三方应用商店移动应用程序数量超过217万款,苹果商店(中国区)移动应用程序数量约150万款。因为有了移动互联网,所以线上线下购物边界其实变得非常模糊。而在移动互联网来临之前,线上线下是对立的。有了移动互联网之后,不管是售前、售中还是售后,都可以进行相互协同、相互发展,比如售前的推广、售中用户的体验、购买的决策到售后的评价或者退货、物流,都可以线上线下协同发展,边界正在逐渐消失。易观国际高级分析师林文斌介绍说,移动端电商与PC端电商的不同之处在于:PC端电商更多的是有中心化的概念,入口已经变得非常强大。例如,电商的交易流量入口更多的是集中在京东、淘宝等这些主流的电商平台之间,供应商的电商构建也是围绕这些平台而展开。而移动端的特点是多入口,所有的入口都可以产生跳转,例如听音乐、玩游戏、看新闻等都可以形成一些跳转,没有集中在某一个入口当中。微信、手机QQ、淘宝等已经形成比较稳定的入口,所以移动支付全面普及,线下零售高效介入互联网体系,无边界时代来临。

④ 社交网络与电子商务运营加快融合,构建更加稳定的用户关系。互联网经济时代,电子商务渗透到居民生活的各个环节,通过不同的电商平台,可以满足消费者衣、食、住、行等诸多需求。近年来,社交网络正逐渐成为分享购物体验、获取商品信息的聚集地。传统电商平台行业竞争激烈且对营销模式的转型升级要求高,社交网络则要将流量变现利润,与电商发展的融合成为必然。这样一方面能丰富营销渠道、拓宽市场份额;另一方面能充分挖掘流量资源,促进社交网络的可持续发展。因此,社交网络与电子商务的融合,构建出了更加稳定的用户关系。

(2) 产业数字化,加快电子商务发展的供需变革

近年来,越来越多的制造企业通过"触网"走出了一条康庄大道,摆脱了传统行业发展速度放缓的现状,并延伸了产业链条,拓宽了销售渠道,实现了产业数字化的跨越式发展。对此,业内人士表示,物联网、云计算、大数据等新一代信息技术正在成为驱动制造业产业变革的核心力量,"互联网+"促使制造类企业在工业化加速发展的同时,不断加大信息化建设力度,提升制造业核心竞争力,也加快了电子商务发展的供需变革。

首先,网上受理订单,受到消费者欢迎;其次,打开微信公众号或定制官方平台,就能按照自身尺码定制衣服,面料、款式、颜色、印花、价格等全都自己

选。这看似简单的改变,背后却是企业的流程和生产大改造。产业数字化是大势所趋,数字化将全面推进零售业态创新,提升商品质量和用户体验,零售业竞争力逐步从经营商品向经营用户、经营场景转变,同时对于电商人才的需求加大。

另外,政府引导、企业响应,电商扶贫推动农村电子商务。电商扶贫指通过电子商务手段推动扶贫工作。具体来说,即将电子商务扶贫纳入扶贫体系,引导扶贫对象使用电商工具,通过对电子商务的各个环节进行帮扶,帮助他们获得经济效益,持续生计,实现脱贫。"十三五"是我国全面建成小康社会的重要阶段,因此,扶贫脱贫工作是当前的重大政治任务。随着电商扶贫逐渐成为精准扶贫的重要模式,为扶贫工作开辟了新道路,电子商务成为贫困地区实现脱贫的有效途径。但由于农村产业转型升级的压力、融资资金的缺乏,并且随着农村电子商务的更广更深发展,农村电商的人才需求量也在急速上升。但电商人才的匮乏,在一定程度上限制了电商扶贫活动的开展。

(3) 国际合作密切化,促进跨境电子商务发展

跨境电商是指分属不同关境的交易主体,通过电商平台达成交易,进行支付结算,并通过跨境物流送达商品、完成交易的一种国际商业活动。跨境电商促进了经济的发展,同时也开始了世界贸易的变革,为众多的企业和消费者带来了好处。据统计,2019 年,我国跨境电商零售进出口额达到了 1 862.1 亿元,综合试验区在外贸发展中的作用也日益凸显。

跨境电商近两年发展非常迅速,已经开展和准备开展的企业已经占据一半比例,接下来将会有更多的企业投身其中,同时也促进了对人才的需求。这对于传统内贸电商来说,不管是转型升级,还是弯道超车,都会产生深远的影响。国际合作密切化,促进了跨境电子商务的发展,也加大了对跨境电商人才的需求量。

2) 行业的快速发展与人才供应不足之间的矛盾

(1) 电商行业人才缺口较大

电子商务经过二十多年的快速发展,走过了从电子商务技术、电子商务服务到电子商务经济的发展道路,经历了从具体的技术应用发展到相关产业的形成,并通过创新与协同发展融入国民经济的各个组成部分的发展历程。同时,电商行业不断纵深发展,随着新零售、跨境电商、农村电商、人工智能等不同电商形态的

推进,我国电商生态环境越来越丰富,但电商人才存量及人才结构明显跟不上发展需求。

2019年四季度全国各地区电商人才需求量如图11-1所示,广东、江苏、湖北、北京、河南包揽前五。其中,广东需求量明显较高。

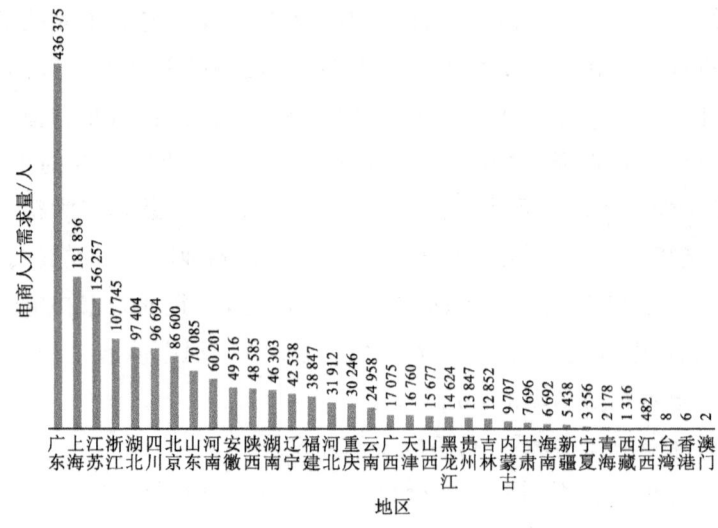

图11-1 2019年四季度电商企业人才需求地区分布情况①

另外,高校每年电商专业毕业生有数十万人,但不管是从知识结构,还是能力要求,都出现较大断层。被调查企业中,对于本科学历的需求占比最大,达到46%,其次是大专学历的占比达32%,如图11-2所示。

(2) 电商行业人才流动性大

随着电商行业的迅猛发展,随之而来的企业薪酬成本不断增加,现在电商成本之高不低于实体店。置换成本高、招聘压力大、员工流失率高、薪酬水平上涨快等现象并没有得到明显改善。团队及组织管理问题成为企业发展的主要障碍,企业越来越需要会领导、懂管理的高水平人才操盘。市场竞争也是企业发展压力之一,传统的运营推广方式效果越来越差,多渠道、新媒体、内容运营等新形式呈现出强大的效果。

近三年来,电商行业人才薪资水平不断攀升,同样地,电商企业招聘人才所需的

---

① 数据来源:全国电子商务人才需求动态展示平台(http://job.ebtest.cn)。

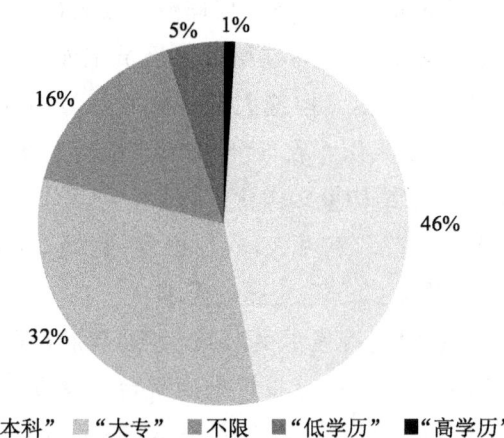

图 11-2 2019 年四季度电商企业人才需求学历分布情况①

成本代价也不断提高。2019 年电商行业毕业生起薪点显著提升,如表 11-2 所示。

表 11-2 电商行业毕业生起薪点②

单位:元

学历	"985"院校	"211"院校	一般院校
专科	4 101	3 900	2 860
本科	5 288	4 334	3 121
硕士	6 747	6 023	4 531
博士及以上学历	8 356	7 579	5 503

在需求高质量、大数量电商人才的同时,员工培训与开发已成为当下必不可少的环节。然而当前,企业人力资源管理挑战大,90 后和 95 后员工是主要电商从业者,他们独特的成长环境、个性以及价值观等特征,要求企业管理因势利导。

另外,高校作为人才培养的主力军,要着重培养学生的学习能力、团队协作能力以及敬业精神等职业素养。但目前高校电商专业理论更新跟不上电子商务实际发展速度。同时,与企业的对接少,高校教师大多缺乏实践经验,无法给予学生实操指导。虽然近年来高校加大了实践性教学的比重,但更多的还是草草了事。

---

① 数据来源:全国电子商务人才需求动态展示平台(http://job.ebtest.cn)。
② 薪酬网(www.xinchou.cn)。

然而在企业中,电商很难像其他行业那样流水线式的"以老带新"。内部的培养体系决定了一个公司发展的关键,在培养自己员工能力的同时,帮他们快速找到合适的位置,为公司创造价值。但绝大部分公司都习惯挖人而不愿意培养,担心自己培养电商人才是为他人作嫁衣,这也加大了电商人才的供需矛盾问题。

(3)电商行业人才需求结构呈多样化趋势

当前,电商行业人才缺口依然巨大,农村电商、跨境电商、新媒体电商等对人才的需求及知识结构都提出了更多、更高的需求。

随着国家出台促进农村电商发展的政策,各地政府部门纷纷响应国家号召,制订计划,快速发展当地农村电商。农村电商平台的建立需要消耗大量的人力、物力、财力,然而在农村电商人才培养上,恰恰更是缺乏因地制宜的洞察力,没有完善的农村电商人才培养机制。

近几年,我国的跨境电商发展迅猛,已成为我国外贸行业的重要支撑和发展引擎,国家更是为跨境电子商务的发展提供了有力的政策支持。在我国当前形势下,跨境电商已成为"大众创业、万众创新"的重要抓手,跨境电子商务课程教学也因此越来越被关注和重视。

由于我国跨境电商人才培养工作开展时间相对较短,培养经验不足,我国高等院校在跨境电商人才培养与企业实际需要上出现断层。而且目前开设跨境电商专业的高校少之又少,符合企业需求的跨境电商人才屈指可数。据不完全统计,在我国跨境电商人才缺口高达400多万人,且还在逐年增大。我国跨境电商发展迅速,但是我国跨境电商人才缺口极大。电商的人才培养应该是有针对性和导向性的,对电子商务专业要有跨境细分,培养既具备理论基础,又有实战经验的人才。但目前缺乏衡量跨境电商人才是否合格的体系,因此,跨境电商人才的培养机制研究十分必要。为了满足我国跨境电商企业的发展需求,高等院校迫切地需要建立行之有效、体系健全的跨境电商教学体系,培养更专业、综合能力更强的人才。

新媒体电商是个很年轻但发展极快的行业,新媒体运营更是这几年的热门职业,行业"大牛"和热点事件层出不穷,新媒体电商平台更是层出不穷,例如微信、抖音及快手等等,电商企业纷纷选择在这些新媒体平台上进行宣传、数据反馈、调整优化、竞品分析以及内容优化。现阶段,新媒体教学模式单一,缺乏创新,专业院校对专业人才的培养落不到实处,培养出来的人才缺乏主体特征和创新精神,难以适应新媒体时代发展需要。新媒体电商人才的培养更多是培养学生的创新精神和实操能力,但是实操能力的培养需要耗费大量的时间精力。另外,这也需要和企业的对接合作,是目前新媒体电商人才在培养上的短板。

同时,除了传统的电商运营、推广销售、技术等人才存在缺口外,供应链管理、产品策划等人才缺口也开始凸显。被调查企业中,71%的企业急需电商运营人才,37%的企业急需技术型人才,50%的企业急需推广销售人才,17%的企业急需供应链管理人才,22%的企业急需复合型高级人才,15%的企业急需产品策划和研发人才,如图11-3所示。

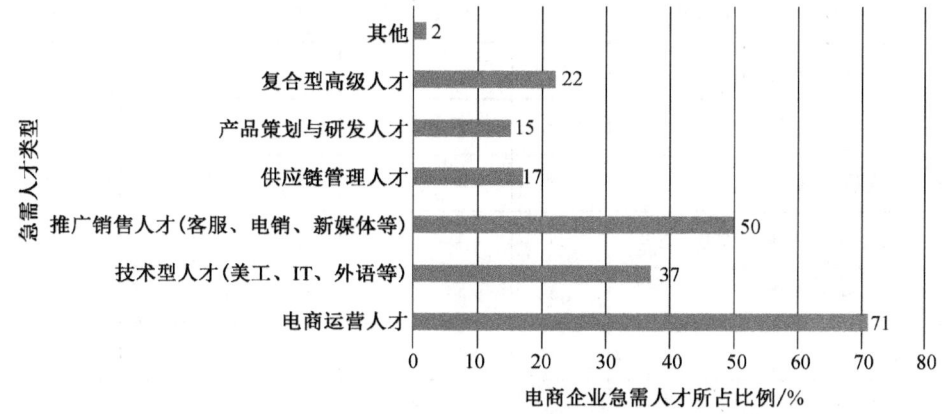

图11-3 2019年当前电商企业急需人才①

3) 企业对电商人才的要求与传统教育模式之间的矛盾

(1) 理论知识更新速度落后于电商行业发展

目前,在电子商务人才培养中,存在着课程体系设置不合理、理论体系跟不上实践发展等问题。大数据时代,电商行业发展更加迅猛,电商现在的课程建设完全跟不上实际发展速度。教材内容陈旧,无法满足教学需要。传统的电子商务专业课程主要集中在电子商务概论、电子商务支付、电子商务物流、电子商务网站设计、网络营销等专业课程,部分课程如表11-3所示。在大数据时代下,这样的课程设置明显不尽合理,还需完善。在大数据时代背景下,应要求学生具备数据分析与挖掘的能力。这就要求学校结合电商行业的发展需求设置理论知识课程,同时要求电商教师必须有很强的学习和教学能力。然而大部分院校的教师授课任

---

① 数据来源:全国电子商务人才需求动态展示平台(http://job.ebtest.cn)。

务重,他们没有足够的时间学习新知识,有些电商老师并非电商出身,本身就缺乏理论体系概念,因此无法为学生未来的工作实践提供有效指导。

表 11-3 电子商务专业课程设置①

序号	课程(项目)名称	计划学时	学分	学期分配及周课时数					
				一	二	三	四	五	六
1	电子商务基础	64	4	4					
2	市场营销基础	64	4	4					
3	网络消费者行为分析	64	4		4				
4	图文排版与制作	48	3		3				
5	视频编辑与制作	48	3		3				
6	文案创意与撰写	64	4		4				
7	网络营销活动策划	64	4		4				
8	新媒体推广	64	4			4			
9	社群营销	64	4			4			
10	搜索引擎营销	64	4				4		
11	客户服务与管理	64	4				4		
12	网络广告	64	4				4		
13	品牌策划与推广	64	4					4	

(2) 实践能力与行业需求存在较大断层

电子商务在飞速发展,而学校的教学内容只注重传统知识的讲授,没有加入专业前沿问题的探讨,学生的实践能力跟不上电子商务企业对人才需求的变化,行业需求与实践能力存在较大断层。因此,提升学生的实践能力至关重要。实践教学能够提高学生实践能力与创新能力,但在电子商务专业人才培养的过程中,仍存在实践教学被弱化的情况,电子商务教学资源投入明显不足。事实上,在大数据时代背景下,社会对电子商务专业的毕业生的实践能力和素质要求非常高,

---

① 数据来源:高校调研数据。

因此必须提高电子商务专业实践教学。

电商智库网经社电子商务研究中心与赢动教育共同发布的《2019年度中国电子商务人才状况调查报告》显示,关于高校电商人才培养的改进,73%的被调查企业认为需要加强实操教学,61%的被调查企业认为需要加强学生职业素质教育,38%的被调查企业认为需要企业与高校合作协同育人,38%的被调查企业认为需要更新教学体系,让其与产业同步。由此,加强实践性教学环节,学以致用,加强学生职业素质教育,提升职业化水平,已经成为企业最迫切的两大核心需求。

（3）学生职业化素养培养仍需加强

在电商教学中,需要加强学生的职业化素养培养。在调查中发现,部分电商学生存在综合文化素养较差、怕吃苦、社会和集体责任感不强等问题,甚至缺乏基本的人际交往礼仪,影响了电商人才的全面发展。然而,目前只有较少的职业院校会有针对性地开展电商职业素质教育。很多院校只重视理论与技能训练,忽视了学生的职业素养和创新思维能力的培养,以致培养出来的学生难以适应岗位和市场竞争。在高校课堂教学上,教师除了传授专业最新的知识,还要培养学生相关职业岗位所需要的核心能力,即学习能力、团队协作能力、知识理解与运用能力、信息搜集与整合能力、自主学习能力、创新思维能力、敬业精神等,充分挖掘学生潜能,有意识地将职业素养和能力培养融入教学中。

（4）教师队伍结构亟待调整

电子商务对实操要求很高。大多数电商老师缺乏电子商务实战经验,也不了解企业对人才的核心需求,无法提供学生实践上所需的帮助；而不少学生意志力薄弱,若没有教师的有效引导,容易陷入迷惑,纯粹为了完成学业。培养适应社会需求的技能型电子商务人才,师资队伍是关键。高等院校应大胆改革教师聘用制度,重点考察教师的从业经验和电商技能水平。只有技能型的教师队伍,才有可能培养出技能型的学生队伍。高等院校可在以前学历型教师队伍的基础上吸纳、聘请一批电商企业讲师加入,构建"双师"队伍。专职教师的高学历与企业教师的高技能相结合,各自发挥优势,分工协作,企业教师将行业新动态、新问题带进课堂,使课堂教学更好地与实际结合,使学生可以学以致用。另外,对于学历型教师,学校可以通过开展电子商务高级研修、岗位培训、单位挂职、校企合作等方式有计划地进行培训,提高教师专业技能水平,形成名副其实的"双师型"专业教师梯队。

11.3 机遇与挑战：重塑电子商务人才岗位能力

1) 互联网快速发展赋予电子商务人才概念新内涵

2015年，李克强总理提出了"互联网＋"的战略构想，2016年，中央一号文件将"互联网＋"提升到国家战略层面，至此我国进入了"互联网＋"时代。"互联网＋"就是利用互联网极强的渗透性和创新性，将现代信息技术，如移动互联网、云计算、大数据、物联网等互联网现代技术深度应用到传统产业中，促使传统产业的转型与升级，提升产业发展水平，并在此基础上催生经济发展新业态和培育新经济增长点。"互联网＋"的核心就是促使产业的"变革与创新"，使传统产业脱胎换骨走向互联网化和数字化发展之路。其着力点（内涵）则包括：一是运用大数据、云计算对生产源头与大市场进行深度探析与研判，进而为用户提供高匹配度、高精准度的信息服务；二是打造开放化平台，提升产业供应链与电商各自协同水平；三是建立以电商为核心，供需（产销）双方实现有效接入端口，促使产业链上各经济主体资源高度整合、优化与更趋于科学合理化。"互联网＋"加速了互联网在生产经营、流通与消费各环节的深度应用，使得各个传统行业都可以便利地拿来使用，同时在互联网浪潮中寻找自己拓展的空间和发展潜力。

"互联网＋"电子商务的崛起，代表着一种新的经济形态。潘红虹认为"即充分发挥互联网在市场交易过程中资源要素配置的优化和集成作用，将互联网的创新成果深度融合于传统电子商务交易过程之中，提升传统电子商务的创新力和集聚力，形成更广泛的以互联网为基础设施和实现工具的经济发展新形态"。互联网改变了人类世界的空间轴、时间轴和思想维度，也催生了许多新技术、新产品、新业态、新模式。它较以往有以下突破：一是它使传统商业活动主角由企业转变为现在的个人；二是它使传统商业经营的产品转换为经营用户、经营社区；三是它使传统商业追求效率与成本转换为现在的认同与情感；四是它使传统商业追求从大众流行转为小众个性；五是它使传统商业靠媒体来引导消费者转化为靠自媒体来拥抱用户。正是上述的改变，使得电子商务的内涵也从电子工具、业务渠道、基础设施拓展到智慧经济体，而且在"云物大智流"（云计算、物联网、大数据、智能化、流动性）时代下，学生不仅仅要具备电商运营、营销、研发设计、客服、物流、数据分析的专业知识和能力，还需要掌握"互联网＋"时代新业态的创新、创业能力，成为满足企业用人需求的创新、创业型高技能电商人才。

2）电子商务人才岗位新变化

一般来说，电商人才分为技术型、商务型和综合管理型三类。根据调查分析，我们在以上三类基础上，对电子商务岗位进行了细分。

（1）技术类人才岗位细分

① 电子商务平台设计：主要从事电商平台规划、网络编程、平台安全设计等工作。

② 电子商务网站设计：主要从事电商网页设计、数据库建设、程序设计、站点管理、技术维护等工作。

③ 电子商务平台美术设计：主要从事平台颜色处理、文字处理、图像处理、视频处理等工作。

（2）商务类人才岗位细分

① 企业网络营销：主要为企业开拓网上业务、网络品牌管理、客户服务等工作。

② 网上国际贸易：利用网络平台开发国际市场，进行国际贸易。

③ 新型网络服务商的内容服务：主要负责频道规划、信息管理、频道推广、客户管理等工作。

④ 电子商务支持系统的推广：负责销售电子商务系统、提供电子商务支持服务、客户管理等工作。

⑤ 电子商务创业：借助电商平台，利用虚拟市场提供产品和服务，或直接为虚拟市场提供服务。

（3）综合管理类人才岗位细分

① 电子商务平台综合管理：这类人才既对计算机、网络和社会经济有深刻认识，又具备项目管理能力。

② 企业电子商务综合管理：主要从事企业电商整体规划、建设、运营和管理等工作。

根据上述对电商人才岗位方向的细分，每个电子商务岗位所需具备的相应能力具体要求如下：

第一层，电子商务建立在网络硬件层的基础上。需要了解一般计算机、服务器、交换器、路由器及其他网络设备的功能，了解有关企业网络产品的性能。这一层次上,思科的 CCNA、CCNP、CCIE 认证在业内具有权威性,而电子商务课程体系涉及这一层次的东西较少。

第二层,电子商务实施的软件平台。在这一层次涉及服务器端操作系统,数据库、电子商务系统的选择、安装、调试和维护。比如微软的 Windows 操作平台上,服务器操作系统目前有 Server 系列,数据库有 SQL Server 等,电子商务应用有 Commerce Server、Content Management Server 等,安全保证有 ISA Server,等等。在这一层次,微软的诸多认证如 MCSE、MCAD、MCSD、MCSA、MCDBA 等无疑对知识的掌握有帮助。

第三层,电子商务应用层。这层涉及商业逻辑,产品的设计、开发,涉及 html、css、xml 脚本语言的知识,以及 DW、PS 等网页设计和图像处理技能。这个层次主要负责网站 Web 页面的开发与后台的技术支持,要满足运作层对技术层的要求,精通 ASP/PHP/CGI 等开发工具,能独立开发后台,精通数据库开发。

第四层,电子商务运营管理层。在这一层次,需要熟悉网络营销常用方法,具有电子商务全程运营管理的经验和能力,能够进行网站的运营、推广、广告与增值产品的经营与销售,熟练掌握电子商务及网络发展的各种理念。

通过以上分析可以看出,电子商务行业对人才的综合性要求非常之高。技术型人才要求有扎实的计算机根底,了解程序设计、网络技术、网站设计、美术设计等知识,又需要了解商务流程、顾客心理和客户服务等。商务型人才一方面要熟悉管理和营销,熟悉网络市场的经济规律,另一方面又要掌握网络和电商平台基本操作。电子商务已经走过了粗放式管理的阶段,团队问题、组织管理问题逐渐成为电商企业发展、提升利润的主要障碍,电商企业越来越需要会领导、懂管理的高水平人才操盘。

3)电子商务人才能力新需求

麦肯锡全球研究院发布的《中国的数字化转型:互联网对生产力与增长的影响》指出,互联网正在重塑中国劳动力市场,其影响将随着时间的推移更显深远。新的互联网技术会将现有商业活动的自动化提升,导致很多职业和岗位消失或趋于消失,但是同样麦肯锡报告指出,损失同时会被互联网催生的新财富和消费增长所弥补。麦肯锡全球研究院对 4 800 家中小企业的调研显示,随着中小企业互联网技术的普及,每失去 1 个岗位,就会创造 2.6 个新的工作机会。麦肯锡全球研究院 2018 年 9 月发布的一份报告表示,总体来看,到 2030 年,人工智能可以为全球经济活动带来 13 万亿美元的增长,人工智能技术对经济增长的贡献不亚于人类历史上的其他颠覆性技术(比如蒸汽机)。报告预计,到 2030 年,大约 70％的公司将采用至少一种 AI 技术,大部分公司将会应用全部 AI 技术。随着以互联网为代表的 IT 技术的深入发展和广泛应用,延伸出了越来越多的网络服务行业和企业。随着电子商务连续每年交易量以几何倍速的增长,由此延伸出很多新兴的基于电子商务的服务行业,网站中介、数据服务、位置服务等都是近五年快速发展的新兴服务行业。

随着大量电商企业向智能化快速迈进,前沿技术岗位正迎来需求爆发。电商行业实现智能升级,对人工智能、大数据、云计算、物联网等电商技术人才岗位招聘需求渐增,人才的需求量巨大。BOSS 直聘研究院数据显示,2018 年前三季度电子商务行业需求增幅最大的 10 个技术岗位,几乎全部为人工智能、算法数据类岗位,不少岗位人才需求翻倍增长。对产品性能提升的持续需求,推动推荐算法工程师、数据架构师等核心技术岗位薪资飙升,平均招聘月薪超 3 万元。

报告显示,目前对于电子商务行业智能化升级至关重要的前沿技术岗位人才稀缺程度极高。推荐算法、Go 语言、深度学习等岗位人才的供需指数始终在 0.5 以下。受人力成本高、竞争高度激烈、业务发展阶段制约等因素影响,目前中小微电商企业智能化职位的拥有率十分有限,相关岗位主要分布于 1 000 人以上规模的大型企业和行业巨头。招聘需求增长也促使电商新人进入市场,同时也会倒逼高校进行专业和课程内容改革。

除了急需人才技术,随着电商行业增速放缓,经营方向和模式随之调整,电商人才需求结构也跟着变化,特别是社群、新媒体等人才需求旺盛。

11.4　协作与共享:创新电子商务人才培养体系

1) 以政策优化释放整体导引效能

人才资源作为第一资源,越来越受到国家重视。电子商务作为现代服务业中的重要产业,有着"朝阳产业、绿色产业"之称,在推动经济转型、创新流通模式、提升区域竞争力等方面正在发挥着越来越重要的作用。大力发展电子商务已是大势所趋,但目前我国电商产业发展高层人才和实用型人才不足、人才分布不均匀。为此,目前围绕着电子商务人才培养,国家出台了一系列的扶持文件,如《国务院关于大力发展电子商务 加快培育经济新动力的意见》提出,"推进国家电子商务专业技术人才知识更新工程,加快培养电子商务领域的高素质专门人才和技能人才"。《电子商务"十三五"发展规划》强调,"加强电子商务专业人才培养,创新人才培养模式,共建实用的电子商务人才培养体系"。商务部出台了《商务部关于加快推进电子商务人才培训工作的指导意见》等。这些文件的出台夯实了电子商务人才培养基础工作,有力地支撑了电子商务人才的培养,在一定程度上缓解了人才供需矛盾。

教育部针对电子商务本科教育成立了高等学校电子商务类专业教学指导委员会,制定了电商专业标准,遴选"双百万"工程,举办"三创大赛"等,针对电子商务高职类教育成立了全国电子商务职业教育教学指导委员,为满足加快培养适应"互联网+"要求的电子商务人才的要求,也形成了以"专业目录"为导向的人才培养结构优化机制,逐步完善了以"教学标准"为载体的人才培养质量过程保障体系。

与此同时,人力资源和社会保障部、财政部联合下发《国家高技能人才振兴计划实施方案》。这一系列重大政策部署和纲要的实施,进一步强化了顶层设计、高端引领的发展理念,从政策制定、责任到位,到育人用人机制逐步完善,推动我国电子商务人才和高技能人才培养工作取得丰硕成果,也为我国技能人才走向世界提供了强力保障。

电子商务人才的培养,需要以政策优化释放整体导引效能,需要政府相关职能部门在充分研究电商产业发展趋势与规律的基础上,进行统筹协作,将条块激励政策向统筹激励政策转向,使激励政策的效用最大化。

2) 以创新创业引领电子商务人才培养

正如上述,目前高校电子商务专业学生所具备的能力与实际岗位需求有一定的脱节,培养适应行业企业需求的电子商务创新创业型人才是高校当前亟待解决的问题。从根本上讲,目前高校的人才培养目标没有凸显对学生创新创业能力培养的要求。为此,国务院办公厅发布的《国务院办公厅关于深化高等学校创新创业教育改革的实施意见》提出,要深化高校创新创业教育改革,提升大学生创新创业能力。

目前,各高校基本上都通过开设创业通识课的方式来提升学生的创新创业能力,部分高校还实施"企业导师入课堂,创业项目入课堂"的"两创"课堂和"实践课程实战化,实训课程实战化,实习课程实战化"的"三课"实战化的教学模式,通过创业导师课堂指导,实践、实训、实习课程的创业项目实战化训练,提升创业者素质,夯实创业基础。有的高校还将校内孵化做基础,校外再教育,通过校、企创业平台,校内外导师共同指导,培养有创业能力、创业思想、创新理念和具备抗创业风险能力的新型创新创业电商人才。

《国家中长期教育改革和发展规划纲要(2010—2020年)》提出,开展职业技能竞赛,提高职业教学质量。实现技能竞赛的全员化、常态化,促进竞赛资源和成果惠及全体师生。为了满足电子商务岗位对创新创业能力的需求,国家也不断举办丰富多彩的创新创业比赛,包括:"挑战杯"全国大学生创业大赛、中国"互联网＋"大学生创新创业大赛、全国大学生电子商务"创新、创意及创业"挑战赛等。尤其是作为电子商务类专业的全国大学生电子商务"创新、创意及创业"挑战赛,从2009年开始至2019年,参赛团队从第一届的1 500多支,第二届的3 800多支,到第三届的4 900多支,第四届的6 300多支,第五届的14 000多支,第六届的16 000多支,第七届的20 000多支,第八届的40 000多支,第九届的50 000多支,影响力越来越强,规模越来越大。

创新创业比赛,对高校电子商务专业人才培养起到了很大的促进作用,同时配合专业课程体系使电商专业的学生更能适应企业电子商务岗位的核心需求。

创新创业对电子商务人才综合能力的提升,起到了有目共睹的作用。从发展趋势上看,需要进一步强化创新创业在电子商务人才培养中的引领作用,需要社会各方积极协调资源,在电子商务的各个领域与环节,有效融入创新创业的理论、方法、技术与手段,以有效提升电子商务人才的综合能力。

3) 以全方面协作培养深层次电子商务人才

由于电子商务发展的时间不长,相应的人才培养体系建设尚处在摸索阶段。学校对人才需求把握程度低,加之电商发展变化快、不确定因素多等原因,造成电子商务专业人才培养定位不清晰。一方面是学校和企业的利益诉求不同,企业难以深度融入人才培养过程,课程开发、实习实训、兼职教师长期服务等问题都没有很好地解决,校企合作停留在口号层面;另一方面很多学校建立的校外实习实训基地都是靠教师个人关系维持,学生实训和实习等方面很难深入开展。为此,教育部于2014年启动实施了产学合作协同育人项目,以产业发展的最新需求推动高校教育教学改革。产教融合协同育人项目通过政府搭台、企业支持、高校对接、共建共享，有效激发了各方面的积极性，实现了高校人才培养与企业发展的合作共赢。教育部数据显示，2018年上半年，产学合作协同育人项目共有952所高校与288家企业合作立项7 377个，企业提供经费及软硬件支持42.79亿元。2018年下半年，共有365家企业发布项目1.4万个，提供经费及软硬件支持32.5亿元，全年累计支持75.2亿元。2019年的两批共有1.4万个项目获得立项。产学合作协同育人项目在质量上实现了快速提升，打造了多主体协同育人的长效机制，构建了产教融合、校企合作的良好生态。通过推进产学合作协同育人项目，解决了教材建设、教师素质提升、体系融合、基地建设等问题，有利于破解人才瓶颈问题，实现产业发展和人才培养的紧密对接。

除了上述产学合作协同育人项目外，国内的许多高校在努力地探索和实践"电商实战人才"培养实训体系，如部分高校依托现代学徒制，构建电商人才多方培育平台，探索学生、专业、课程、企业、行业、园区和政府之间的新型合作机制，从学生、专业和企业的长期利益出发，在"互惠互利、多方受益"的基础上，建立长期稳定的校企合作机制，开展电商人才培养、教学、实训、就业、科研等多层次的合作，鼓励企业参与专业人才培养与教学改革，实现多方共赢。有的高校组建了由政府、行业、院校和企业共同构成的专业技术技能委员会，主要工作是解决机制不健全、协同创新发展动力不足等问题，重点建立学生双导师制度和推进课程资源建设，构建多元化的课程体系，提升学生就业竞争力。

部分高校实施"岗位引领、项目驱动"的工学结合人才培养模式，积极吸引企业参与，形成开放育人格局。通过校企联动共建校内外生产性实训基地、订单班等多种产学研一体化平台，以企业真实项目为驱动，通过全方面协作培养，既强化了学生核心能力，还能够增强学生的职业素质和创新创业能力，进而提高了电子商务专业人才培养质量，学生综合素质得到了明显增强，能够满足企业的岗位需求，最终实现了学生、专业和企业共赢。

电子商务人才的培养，需要全社会协作，需要进一步强化"政、产、学、研、用、培"六位一体的资源整合思路，需要将电子商务人才培养的协同化一体化教育格局进一步深化，以全方面协作来培养深层次电子商务人才。

参 考 文 献

[1] 蔡晨璇,陈张胜,郭诗敏.农村云商互动平台"5E"绩效评价研究:以南京市浦口区永宁镇为例[J].中国商论,2018(14):123-124.

[2] 蔡梦辰.县域电子商务发展中的政府职能:以 A 省 B 县为例[D].金华:浙江师范大学,2016.

[3] 蔡文成.基层党组织与乡村治理现代化:基于乡村振兴战略的分析[J].理论与改革,2018(3):62-71.

[4] 曹荣庆,沈俊杰,张静.电商协会提升农村电商产业集群竞争力的作用[J].西北农林科技大学学报(社会科学版),2018,18(1):75-82.

[5] 陈放.乡村振兴进程中农村金融体制改革面临的问题与制度构建[J].探索,2018(3):163-169.

[6] 陈文婕.我国农业电子商务竞争环境的 PEST 分析[J].现代经济信息,2017(24):345.

[7] 陈旭泑,冀雨潇.贫困地区电子商务发展与农产品网销影响因素研究:以贵州省威宁县"电商扶贫"为例[J].中国农学通报,2018,34(3):158-164.

[8] 陈月.B 公司供应链智慧化管理研究[D].石家庄:河北科技大学,2018.

[9] 窦锦育.陇南市农村电商发展过程中的政府职能研究[D].兰州:兰州大学,2017.

[10] 冯洁.电商服务:为农村电商筚路蓝缕[J].浙江经济,2015(14):33-35.

[11] 冯梦琦.农村电商扶贫绩效评价指标研究[J].农村经济与科技,2019,30(5):159-163.

[12] 甘臣林,谭永海,陈璐,等.基于 TPB 框架的农户认知对农地转出意愿的影响[J].中国人口·资源与环境,2018,28(5):152-159.

[13] 高功步,费倩,顾建强.基于组织敏捷性视域的农业企业电子商务价值创造

研究[J].农业技术经济,2020(11):135-144.

[14] 高功步,顾建强.贫困地区农户电子商务参与意愿及影响因素:基于计划行为理论视角[J].社会科学理论与实践,2019(12):17-22.

[15] 高宏,张天翊.县域电子商务发展定位研究:以R县为例[J].科技管理研究,2017,37(23):212-220.

[16] 高吉喜,孙勤芳,朱琳.实施乡村振兴战略 推进农村生态文明建设[J].环境保护,2018,46(7):12-15.

[17] 高艺.我国农村电商发展的制约因素与对策[J].乡村科技,2018(10):18-19.

[18] 葛新斌.乡村振兴战略:农村教育究竟能做些什么?[J].华南师范大学学报(社会科学版),2018(2):82-87.

[19] 顾建强,薛庆根.农业科技微信公众号用户采纳行为研究:基于信息系统成功模型与信任理论[J].数学的实践与认识,2019,49(10):162-171.

[20] 郭红东,龚瑶莹,曲江.农村电商的"临安模式"[J].中国农民合作社,2020(8):67-69.

[21] 韩宪东.谈农村乡村振兴战略中电商的发展策略[J].农业工程技术,2019,39(6):47-48.

[22] 何海波.长尾理论下农产品电商品牌化发展探究[J].商业经济研究,2019(7):106-108.

[23] 何嘉扬.生鲜水果电子商务营销模式优化与创新研究:以广西百色芒果营销为例[J].无线互联科技,2018(20):118-119.

[24] 何昆烨,陈姗霖.浅析农村电子商务的发展模式:以"通榆模式"为例[J].吉林金融研究,2015(12):42-45.

[25] 何鲲,孙家军.乡村振兴背景下安徽农村电子商务模式探索及建议[J].安徽行政学院学报,2019,10(4):88-92.

[26] 贺雪峰.关于实施乡村振兴战略的几个问题[J].南京农业大学学报(社会科学版),2018,18(3):19-26.

[27] 侯晶,侯博.农户订单农业参与行为及其影响因素分析:基于计划行为理论视角[J].湖南农业大学学报(社会科学版),2018,19(1):17-24.

[28] 胡胜.乡村振兴离不开法治护航[J].人民论坛,2018(6):106-107.

[29] 胡中应.社会资本视角下的乡村振兴战略研究[J].经济问题,2018(5):53-58.

[30] 黄福高,凌花.我国农业电子商务竞争环境的多维度分析[J].商业经济研究,2018(19):108-110.

[31] 黄艳娴,张银银.农村电商促进农村创业就业绩效模型构建[J].商业经济研究,2017(19):144-145.

[32] 黄振华.广东省H市农村电商中的政府角色研究[D].汕头:汕头大学,2018.

[33] 霍军亮,吴春梅.乡村振兴战略背景下农村基层党组织建设的困境与出路[J].华中农业大学学报(社会科学版),2018(3):1-8.

[34] 吉林省新农村办.敦化市:打造农村电商新模式 助力乡村产业振兴大发展[J].吉林农业,2019(18):7.

[35] 蒋苏健.金华市农村电商发展瓶颈及对策探究[J].金华职业技术学院学报,2017,17(1):24-27.

[36] 蒋永穆,刘虔.新时代乡村振兴战略下的小农户发展[J].求索,2018(2):59-65.

[37] 焦克源,吴俞权.农村专项扶贫政策绩效评估体系构建与运行:以公共价值为基础的实证研究[J].农村经济,2014(9):16-20.

[38] 金文.从农村改革史看乡村振兴战略[J].人民论坛,2018(8):76-77.

[39] 雷海林.论邮政农村电商的定位和商业模式[N].中国邮政报,2019-07-20(7).

[40] 李波.县域电子商务发展问题与对策:以高青县为例[J].信息技术与信息化,2015(10):146-147.

[41] 李成钢."互联网+"下的农村电子商务模式分析[J].商业经济研究,2015(32):77-78.

[42] 李志勤.精准扶贫中电商产业扶贫绩效评价模型及聚类分析研究:以四川电商产业扶贫为例[J].中国经贸导刊(中),2019(6):76-78.

[43] 林家宝,胡倩.企业农产品电子商务吸收的影响因素研究:政府支持的调节作用[J].农业技术经济,2017(12):110-124.

[44] 刘丹.热带农产品智慧供应链合作机制研究[D].海口:海南大学,2018.

[45] 刘宏,艾春梅.农村电子商务发展评价指标体系构建:基于创新扩散理论

[J].中国集体经济,2018(20):108-109.

[46] 刘慧萍.农耕文化传承与农民权利保障的互动及协同:以乡村振兴战略为背景[J].理论与改革,2018(3):81-91.

[47] 刘可.农村电子商务发展模式比较分析[J].农村经济,2020(1):81-87.

[48] 刘锐.乡村振兴战略框架下的宅基地制度改革[J].理论与改革,2018(3):72-80.

[49] 刘晓云,夏珍珍.县域电商三级公共服务体系下多主体的价值共创模型研究[J].大庆师范学院学报,2019,39(5):38-44.

[50] 刘雪芳.四川岳池精准扶贫的绩效评价研究[D].成都:四川农业大学,2018.

[51] 龙强.农村电商发展战略管理研究[J].乡村科技,2017(3):24-25.

[52] 卢智慧.我国农产品分销渠道优化对策研究[J].经济纵横,2017(4):105-109.

[53] 马俊明.我国农产品上游主体模式创新的产销一体化研究[J].企业技术开发,2014,33(5):95-96.

[54] 马莉,王广斌.广灵县农村电商新模式分析[J].安徽农业科学,2020,48(15):238-240.

[55] 马鹏飞,蒋萧."互联网+有机农业定制"背景下有机农产品产销一体化创新模式分析[J].中国经贸导刊(中),2018(32):31-34.

[56] 缪雨.人的全面发展视域下的乡村振兴战略[J].云南民族大学学报(哲学社会科学版),2018,35(3):11-15.

[57] 穆燕鸿,王杜春.农村电子商务模式构建及发展对策:以中国黑龙江省为例[J].世界农业,2016(6):40-46.

[58] 庞钰睿,马坤.农村电商引导下的农产品营销模式研究:以杭州市"村邮乐购"为例[J].农家参谋,2019(21):35-36.

[59] 彭鸿健,谢奉军,王晓军.基于区域特色的农村电商发展路径研究[J].内蒙古科技与经济,2017(11):9-11.

[60] 邱碧珍.中国农村电子商务模式研究[J].世界农业,2017(6):76-81.

[61] 屈佩斯.农村电商人才培养模式研究[J].价值工程,2018,37(18):71-72.

[62] 阮荣平,周佩,郑风田."互联网+"背景下的新型农业经营主体信息化发展状况及对策建议:基于全国1394个新型农业经营主体调查数据[J].管理世

界,2017(7):50-64.

[63] 沈洁.电商助力农村发展的绩效评估与政策优化研究:基于嘉善县农村电商发展的实践分析[J].中国集体经济,2017(29):79-81.

[64] 盛晏,向秀.基于AHP的县级农村电商服务体系绩效评价[J].中南林业科技大学学报,2017,37(12):169-173.

[65] 石全胜,余若雪,蹇洁.农村电子商务可持续发展模式探讨[J].商业经济研究,2018(12):80-83.

[66] 史亮.基于区块链+物联网的果蔬农产品供应链追溯体系研究[D].济南:山东农业大学,2020.

[67] 宋福英.乡村振兴时代农村电商新出路[J].电子商务,2020(4):13-14.

[68] 宋林林.县域电子商务发展问题研究[J].现代营销(信息版),2019(2):213.

[69] 苏红键,崔凯.加快完善农村电商服务体系[J].中国发展观察,2019(10):37-39.

[70] 苏奎,何凡,刘玉洋.乡村振兴视域下农村电子商务发展个案研究及其启示[J].创新,2018,12(1):22-32.

[71] 索晓霞.乡村振兴战略下的乡土文化价值再认识[J].贵州社会科学,2018(1):4-10.

[72] 唐溧,刘亚慧,董筱丹.县域农村电子商务模式及对策研究[J].现代管理科学,2019(4):43-45.

[73] 田刚,张义,张蒙,等.生鲜农产品电子商务模式创新对企业绩效的影响:兼论环境动态性与线上线下融合性的联合调节效应[J].农业技术经济,2018(8):135-144.

[74] 万宝刚.农业产品质量追踪溯源系统的设计与实现[D].成都:电子科技大学,2014.

[75] 汪向东."沙集模式"及其意义[J].互联网周刊,2010(23):107-110.

[76] 王党委.江苏沙集镇农村电子商务模式及其影响研究[D].南京:南京农业大学,2015.

[77] 王鹤霏.农村电商扶贫发展存在的主要问题及对策研究[J].经济纵横,2018(5):102-106.

[78] 王乐君,寇广增.促进农村一二三产业融合发展的若干思考[J].农业经济问

题,2017,38(6):82-88.

[79] 王沛栋. 我国农村电子商务发展的问题与对策[J]. 中州学刊,2016(9): 43-47.

[80] 王雪莹. 农村电商发展中的政府职能研究[D]. 兰州:西北师范大学,2018.

[81] 王振,齐顾波,李凡,等. 乡村振兴战略的背景和本土化优势:基于对发展主义的反思[J]. 贵州社会科学,2018(4):163-168.

[82] 魏延安. 给县域电商服务商的六条建议[EB/OL]. [2020-10-17]. https://dy.163.com/article/CIVBGPQS0519DBN3.html,20170426/20201017.

[83] 魏玉栋. 乡村振兴战略与美丽乡村建设[J]. 中共党史研究,2018(3): 14-18.

[84] 吴光宇,郭海清,朱新宇. 互联网思维下农业供给侧产销模式改革思路[J]. 农业经济,2018(8):141-142.

[85] 吴金南,杨亚达. 电子商务应用能力与企业绩效关系的实证研究[J]. 财政研究,2011(5):76-80.

[86] 吴重庆,陈奕山. 新时代乡村振兴战略下的农民合作路径探索[J]. 山东社会科学,2018(5):19-27.

[87] 向秀. 县级农村电商公共服务中心服务质量评价研究[D]. 长沙:湖南农业大学,2018.

[88] 肖峰,李敏. 开拓农村电商"新蓝海":淮安农村电子商务发展的调查与思考[J]. 唯实,2016(7):61-63.

[89] 谢天成,施祖麟. 农村电子商务发展现状、存在问题与对策[J]. 现代经济探讨,2016(11):40-44.

[90] 徐天睿. 乡村振兴战略背景下农村电商服务站发展现状的田野调查[D]. 杭州:浙江工业大学,2019.

[91] 许曙. 海南政府在推动农村电商发展中的作用研究[D]. 海口:海南大学,2019.

[92] 许学宏. 从行政审批制度改革谈农产品质量全程监管[J]. 江苏农村经济, 2017(8):62-63.

[93] 许远. 我国农业电子商务竞争环境的PEST分析[J]. 辽宁农业科学,2018 (1):69-71.

[94] 许周洲,何颖珊. 乡村振兴战略下农业智慧供应链模式研究[J]. 物流工程与

管理,2020,42(2):32-34.

[95] 颜强,王国丽,陈加友.农产品电商精准扶贫的路径与对策:以贵州贫困农村为例[J].农村经济,2018(2):45-51.

[96] 颜小燕.农村公共体育服务供给的治理机制研究:基于十九大报告中"乡村振兴"战略背景的分析[J].体育与科学,2018,39(2):13-19.

[97] 阳浩鹍.江西省农村电子商务发展研究[D].南昌:江西财经大学,2017.

[98] 杨爱丽.政府在农村电子商务中的职能研究[D].天津:天津财经大学,2017.

[99] 杨驰,谢堃,张慧,等.对农产品产销一体化的思考[J].农业技术与装备,2020(1):109-110.

[100] 杨旭,李竣.县级政府、供应链管理与农产品上行关系研究[J].华中农业大学学报(社会科学版),2018(3):81-89.

[101] 杨旭,李竣.县域电商公共服务资源投入与治理体系[J].改革,2017(5):95-105.

[102] 杨泳波.面向"互联网"时代的我国农村电子商务发展研究[J].农业经济,2017(9):126-128.

[103] 姚靖飞.县级政府在农村电子商务发展中的职能研究[D].昆明:云南财经大学,2018.

[104] 姚庆荣.我国农村电子商务发展模式比较研究[J].现代经济探讨,2016(12):64-67.

[105] 于法稳.基于健康视角的乡村振兴战略相关问题研究[J].重庆社会科学,2018(4):6-15.

[106] 余瑞娟,储新民.农村电子商务发展中后置式政府职能定位[J].中国科技纵横,2011(15):220.

[107] 余雪源,杨媛,张莹.基于精准扶贫的农村电商发展创新研究[J].农业经济,2018(4):129-131.

[108] 曾邦玮,杨海霞,周国林.互联网背景下农产品电商化发展研究[J].中小企业管理与科技(下旬刊),2019(7):50-51.

[109] 曾盛聪.乡村振兴战略中的农地存续治理:一个政府职能的分析框架[J].国家行政学院学报,2018(1):55-61.

[110] 张红宇.中国现代农业经营体系的制度特征与发展取向[J].中国农村经济,

2018(1):23-33.

[111] 张剑辉.迎接后示范时代的到来[J].科技展望,2015,25(1):228.

[112] 张薇.陕西农村电子商务发展瓶颈及对策[J].新西部(理论版),2016(10):19-20.

[113] 张悟移,闻长城,杨伟.农产品供应链智慧化成熟度评价模型研究:以云南省为例[J].物流科技,2020,43(8):1-6.

[114] 赵宁.农村电商精准扶贫绩效评价体系研究[J].农村经济与科技,2019,30(12):71-74.

[115] 赵宁波.荆州市农村电子商务发展问题与对策研究[D].长沙:国防科学技术大学,2017.

[116] 赵振强,张立涛,胡子博.新技术时代下农产品智慧供应链构建与运作模式[J].商业经济研究,2019(11):132-135.

[117] 郑瑞强,石寒,张哲铭.电商扶贫转型升级的推进策略[J].中共山西省委党校学报,2018,41(3):62-65.

[118] 仲伟俊,吴金南,梅姝娥.电子商务应用能力:概念、理论构成与实证检验[J].系统管理学报,2011,20(1):47-55.

[119] 仲伟俊,吴金南,梅姝娥.电子商务应用能力:理论构建与实证检验[J].管理科学学报,2010,13(12):61-75.

[120] 周翠青.特色农产品在移动电商营销的模式[J].现代营销(经营版),2018(8):112-113.

[121] 周冬,叶睿.农村电子商务发展的影响因素与政府的支持:基于模糊集定性比较分析的实证研究[J].农村经济,2019(2):110-116.

[122] 周静,马丽霞,唐立强.农户参与农产品电商的意愿及影响因素:基于TPB和SEM的实证分析[J].江苏农业科学,2018(4):312-315.

[123] 周驷华,万国华.电子商务对制造企业供应链绩效的影响:基于信息整合视角的实证研究[J].管理评论,2017,29(1):199-210.

[124] 周宇,仲伟俊,梅姝娥.信息系统提升企业敏捷性的机制研究[J].科学学与科学技术管理,2015,36(7):70-83.

[125] 朱彦杰.河南省农村电子商务发展的瓶颈及对策[J].电子商务,2018(1):11-12.

[126] 庄韶辉. 舟山市渔农村电子商务发展路径研究：基于遂昌模式的建议[J]. 农村经济与科技，2020，31(5)：146-147.

[127] 邹思逸. 农村电子商务发展研究[J]. 合作经济与科技，2017(9)：56-57.

[128] 邹雨函. 基于4R理论的农产品短视频营销模式探究[J]. 河北企业，2020(2)：113-114.

[129] 左安东. 政府引导下农村电子商务的现实困境：以湖北省某农业乡为例[J]. 商，2016(29)：131.

[130] Bharadwaj A, University E, El Sawy O A, et al. Digital business strategy: toward a next generation of insights[J]. MIS Quarterly, 2013, 37(2): 471-482.

[131] Dyer J H, Singh H. The relational view: cooperative strategy and sources of interorganizational competitive advantage [J]. The Academy of Management Review, 1998, 23(4): 660.

[132] Foster P J, Fullagar C J. Why don't we report sexual harassment? An application of the theory of planned behavior[J]. Basic and Applied Social Psychology, 2018, 40(3): 148-160.

[133] Hart S L, Dowell G. Invited editorial: a natural-resource-based view of the firm[J]. Journal of Management, 2011, 37(5): 1464-1479.

[134] Hayes A F, Scharkow M. The relative trustworthiness of inferential tests of the indirect effect in statistical mediation analysis[J]. Psychological Science, 2013, 24(10): 1918-1927.

[135] Hayes A F. Beyond baron and Kenny: Statistical mediation analysis in the new millennium[J]. Communication Monographs, 2009, 76(4): 408-420.

[136] Mathiassen L, Vainio A M. Dynamic capabilities in small software firms: a sense-and-respond approach[J]. IEEE Transactions on Engineering Management, 2007, 54(3): 522-538.

[137] Nitzl C, Roldan J L, Cepeda G. Mediation analysis in partial least squares path modeling[J]. Industrial Management & Data Systems, 2016, 116(9): 1849-1864.

[138] Santos E A D, De Almeida L B. To pursue a career in accounting or not: a

study based on the Theory of Planned Behavior[J]. Revista Contabilidade & Finanças, 2018, 29(76): 114-128.

[139] Soto-Acosta P, Meroño-Cerdan A L. Analyzing e-business value creation from a resource-based perspective[J]. International Journal of Information Management, 2008, 28(1): 49-60.

[140] Tallon P P. Inside the adaptive enterprise: an information technology capabilities perspective on business process agility [J]. Information Technology and Management, 2008, 9(1): 21-36.

[141] Van Oosterhout M, Waarts E, Van Hillegersberg J. Change factors requiring agility and implications for IT [J]. European Journal of Information Systems, 2006, 15(2): 132-145.

[142] Wu J N, Zhong W J. Application capability of e-business and enterprise competitiveness: a case study of the iron and steel industry in China[J]. Technology in Society, 2009, 31(3): 198-206.

[143] Zaheer A, Zaheer S. Catching the wave: alertness, responsiveness, and market influence in global electronic networks[J]. Management Science, 1997, 43(11): 1493-1509.

[144] Zhu K. The complementarity of information technology infrastructure and E-commerce capability: a resource-based assessment of their business value[J]. Journal of Management Information Systems, 2004, 21(1): 167-202.